近現代音楽史概論B

高橋弘希　邦楽ロック随想録

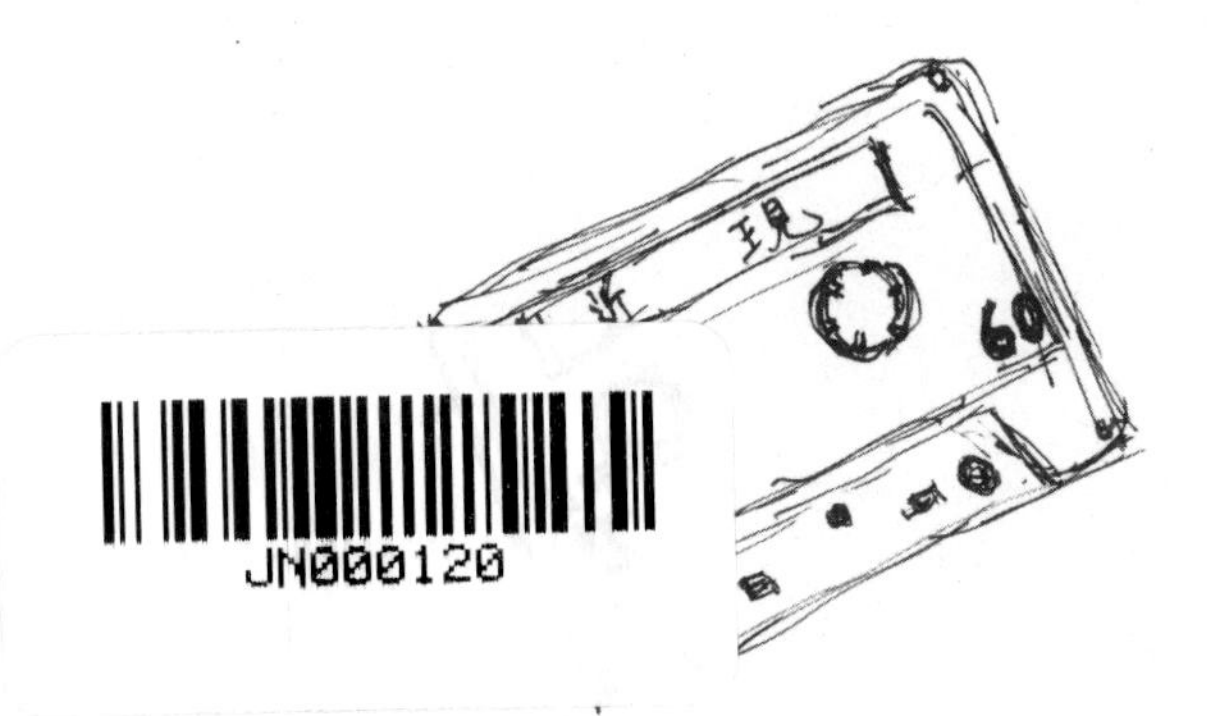

JN000120

文藝春秋

目次

凡例

・本文中のバンド名は片仮名表記を基本としたが、文脈に応じて適宜英語表記にした箇所がある。
・アルバム、ミニアルバム、マキシシングルは『』、シングル及び楽曲名は「」で括ることを原則とした。
・敬称は文脈に応じて適宜省略した。

近現代音楽史概論B

邦楽ロック随想録

講義にむけて

数年前、「文學界」に某バンドを取り上げた音楽随筆（本書収録「追想syrup16g」）を記したのだが、先日の我が家の大掃除のさいに、名著『鬼六ポルノ最前線』と一緒にこの号が発見され、これも何かの巡りあわせと、己の深部であり恥部でもある己の文章を読み直し、これは音楽随想録という形で連載できるのではないか、と閃き、さっそく担当編集のS水君に持ちかけたところ、彼は目をぱちくりさせたのちに、はぁ、同じ企画を、数年前にこちらからも提案していたのですが——、と呆れられ、これはうかうかしていられぬと本連載が始まったわけである。

本連載は、私が敬愛する、あるいは偏愛する、もしくは聴くたびに殺意を抱くバンドを、毎回一組、取り上げて論じるという、文芸誌史上初の音楽批評随想録となる予定だ。しかし予定は未定であり、事実、私には過去に予定通り進んだ作品は一つとしてなく、しかしロックは破壊であり、文学は破滅であるゆえ、どこかで本連載が破綻を始めたならば、それはTK（タカハシ）の通常運転であるものとして、読者諸君には生温かく見守ってもらいたい。

ちなみに本連載は、タイトルの決定までに難航した。私は〝ロッキン・オン・タカハシ〟はどうか、と編集部に提案したが、即答でダメだと返ってきた。確かにパクりはよくない。では〝タカハシ・オン・ジャパン〟はどうか、と打診するも、それって直訳すると「日本のタカハシ」で意味不明ですよね、と却下された。確かに意味不明だった。私は思い悩んだ。せっかくの音楽連載だというのに、肝心のタイトルが決まらないのだ。

原稿用紙の前で思い悩むこと数時間、私の目は、ふと部屋の書棚に留まる。〇七年の「ロッキン・オン・ジャパン」の隣に、大学時代の授業一覧が記されたシラバスがある。私はなんともなしに、そのシラバスを手に取り「近現代中国史概論B」という忌まわしい講座を見つけた。この講座の中国人講師は、私が卒業できるかどうかの瀬戸際であるにもかかわらず、単位を寄こさなかったのだ。とんでもない中国人講師だ。

しかし今こそあの中国人講師への復讐の意も込めて、この過去を利用するべきではないか、そのことによって、あの忌まわしい記憶も払拭されるのではないか――、よって本連載のタイトルを『近現代音楽史概論B』とする。ここでいうBということは、Aもあるのか、と勘繰るだろうが、Aはない。ここでいうBとは、つまりはファッションである。

第1講
BUMP OF CHICKEN

参考音源

『THE LIVING DEAD』
2000年
ハイランレコーズ

そのコミックカルチャー・ギターロックに迫る

私がバンプ・オブ・チキン（以下、バンプ）を知ったきっかけは、友人の山田君（仮名）だった。山田君と初めて会ったのは、高校二年のクラス替え時だ。四月の放課後、うららかな春の陽光の差す二年八組の教室で、我々は簡単な自己紹介をしつつ、互いの共通の趣味である音楽について語り合っていた。

山田君は、若かりし頃のデイヴ・ムステイン[1]に少し似ていた。デイヴに銀縁眼鏡を掛けさせて髪をマッシュルームカットにして顔立ちを東洋人風にしたら山田君だった。

と、山田君はデイヴがよくそうするように、やや神経質そうに目を細めたかと思うと、

「タカハシ君、メタリカを嫌いということは、メタリカを好きということなのです」

十七歳の私は首を傾げた。この男ついに狂ったか、とは思わなかった。むしろメタラーたる私は、その先にいかなる論が展開されるのか期待に胸を膨らませていた。

「メタリカを嫌いというのは、メタリカを聴くことが足りないのであって、どのような人間もメタリカを聴き続ければメタリカを好きになることは自明であるのだから、畢竟（ひっきょう）、メタリカを嫌いということは、メタリカを好きということなのです」

十七歳の私は、しばらく返答ができなかった。この男、齢（よわい）十七にしてハードドラッグをやっているのか、とは思わなかった。むしろ落雷のような感銘に、しばらく口がきけなかったのだ。

そうだ、メタリカを嫌いということは、メタリカを好きということなのだ！

そして我々は親友になった。

以後、私は彼の説法「メタリカ理論」を、人生の節目節目で想起しては己を鼓舞するのだった。

――メタリカを嫌いということは、メタリカを好きということなのです。

――文学を嫌いということは、文学を好きということなのです。

――ニンジンを嫌いということは、ニンジンを好きということなのです。

時は流れてミレニアム・イヤー――、夏の暑い盛り、大学生となった我々は、久しぶりに南浦和駅で落ち合った。

「タカハシ君、すごいバンドを見つけてきたぞ！」

その日、山田君はいつになく息巻いていた。しかし彼が手にしていたアルバムがメタルでないことは、一目で分かった。長髪ブロンドの男がギターから閃光を発してドラゴンと対峙している、とか、筋骨隆々たる巨漢が血だらけで片手を突き上げている、とか、赤目を光らせたゾンビが街中を徘徊している、といったジャケットではなかったからだ。

鉛筆で描かれた、素描のようなシンプルなジャケットだった。彼曰く、下北系のインディーズバンドだという。この頃になると音楽好きの山田君は、ライヴハウス界隈にまで触手を伸ばしていたのだ。田舎者たる私は、下北がどこにあるのか分からず、なまじ青森県生まれゆえに、私が想像したのは、本州最北端の下北半島だった。（余談であるが、下北[2]半島はメタルである）。

とにかく、私は山田君の勧める、その下北系ロックバンドのCDを借り、自宅にてさっそく拝聴した。私は素晴らしい音楽に出会ったとき、感電する。メタリカを聴いたとき感電した。メガデスを聴いたとき感電した。ジューダス・プリーストを聴いたとき、というか「Painkiller」（1990年）のPVを見たとき、このスキンヘッドのボーカルの格好は完全にハードゲイやないか、と困惑したが最終的には感電した。そして私は、このアルバム『THE LIVING DEAD』にも感電したのだった。

このときバンプはまだメジャーデビュー前で、おそらくは千葉LOOKや、下北沢CLUB251でライヴ活動をしていた時期だと思う。この時代に、彼らの音楽は完全に新しいものだった。サウンドの面は九〇年代中期から流行したメロコアやパワーポップの影響下にあるが、特筆すべきは歌詞だった。歌詞を物語にするという手法は古くからあるが、それは例えば六〇年代から七〇年代のフォークソングでよく取られる手法であったが、しかし藤原基央の書く歌詞は、フォークにおける昭和歌謡的な情念やら人情やらの物語とは全く異なり、九〇年代のコミックカルチャーに根差していた。

九〇年代に少年期を過ごした者に、コミックカルチャーの影響は避けがたい。この時代、「週刊少年ジャンプ」の発行部数は六百万部を超え、宮﨑駿や庵野秀明の作品が社会現象を起こしていた。この文化の影響下に育った世代に、藤原の書く詩は非常に深く刺さり、私としても初めて同時代性を共有できる音楽だった。

果たして歌詞解釈は必要だろうか。歌詞は解釈するものではないし、詩人は解釈を嫌う。“Don't think. Feel!!”であるべきだし、私もそう思う。しかしこの“Feel!!”の部分を言葉にするのが、批評家の役割でもある。私は批評家ではないが、本講においては批評家気取りなので、“Feel!!”を言語化する必要がある。藤原の詩は〝二者間の隔たり〟が語られることが多い。この二者は二人の他者ではなく、一つの個の中の他者で、つまりは内的対立である。序盤でこの内的対立が提示され、後半に向かうに従い対立は融和して弁証法的に新しい価値を手にするという、実に物語的な構造を持つ。

特に私が興味深く読んだ詩は『ユグドラシル』（2004年）収録の「太陽」で、この詩は〈隔てられた側〉からの語りで始まり、〈隔てた側〉の一部であるかのこの動物は、心と心臓を持っており、つまりは生きた人間であり、終盤で、壊れかけたドアノブを摑んで外界へ出るかどうかの選択を非可逆的状況の中で迫られ〝出れたら最後 もう戻れはしない〟という逆説的希望を含んだ一文で物語は終わる。その詩世界は全編が観念的であり、つまりはおよそ〝歌詞〟とは思えない出来栄えで、こうした離れ業は邦ロック史においてほぼ前例がない。

と、長々と語ってきたが、実のところ、私はゼロ年代後半でバンプから遠ざかっている。これは彼らの音楽性が変わったからではなく、私が変わってしまったからだ。私の少年期は完全に終焉を迎え、そして完全なる無職の犯罪者予備軍となり、精神的に荒廃していた時期に彼らの音楽はさながら太陽のように眩しすぎた。

ではどんな音楽を聴いていたかというと〝やはり時代は過激さを求めている、世紀末は過ぎたが現代は魂的な世紀末であり、つまりはメタル復興の時の時なのだ〟と、デスメタルに手を出して、余計に精神を荒廃させるに至るのだった。

しかしながら本稿を記すにあたり、これを機会にとゼロ年代後半以降のアルバムも拝聴してみるとこれがどうにも素晴らしく、久しぶりに私の頭の中はピュアな少年期の状態になり、何年かぶりに彼らの公演にも参戦したいと考えている次第である。

ちなみに私にバンプを教えてくれた山田君には、この後の講でも何度か登場してもらう予定だ。彼とは他にもめっぽう面白い音楽挿話がいくつかあるゆえに、読者諸君には期待して頂きたい。

そして令和の現在、まさか彼がこのような事態になるとは、ミレニアム・イヤーの夏の時点では予想だにしなかったのであった——。

註1 メタリカを解雇され一時期グレたが、その後、復讐の為にメガデスを結成して復活を遂げる。ファンの間では〝大佐〟の愛称で親しまれている。

註2 本州最北端に位置するまさかりの形をした半島で、一部の地域では未だ祈禱師やら呪術師やらが現役で活躍している。筆者は下北半島を訪れたさいに、なんとメタル的であろうか——、という感慨を覚えた。

第2講
NUMBER GIRL

参考音源

『NUM-HEAVYMETALLIC』
2002年
東芝EMI

そのよみがえる性的衝動に迫る

時は世紀末――、その晩、私はテレビ埼玉をぼんやりと眺めていた。当時のテレビ埼玉には、三十分に亘り延々とミュージックPVを流すという、なかなか過激な番組があった。私はテレヴィジョンの画面を見ながら思う。

――詰まらぬバンドばかりだ、世紀末の七の月だというのに、どのバンドも〝我々が世界を崩壊させてやる〟あるいは〝我々がドラゴンを退治してやる〟あるいは〝我々は演るのではなく殺るのだ〟といった、メタル的精神が欠如している、そもそもツーバスも速弾きもない音楽を、音楽と呼べるのだろうか――。

私は欠伸（あくび）をし、日課の写経でもして就寝しようと思った。

写経はいい。般若心経を一字一字、無心で書き写していると、心が洗われていく。しかしその晩は、いくら般若心経を写しても、心が洗われない。それどころか、私の精神は次第に殺伐としてきた。何故なら、テレヴィジョンからとんでもない鋭角サウンドが鳴り響いているからだ。私は般若心経から顔を上げ、画面を見て我が目を疑った。

テレヴィジョンでは、理科大生としか思えぬ、銀縁眼鏡にボタンダウンシャツにチノパン姿の男が、テレキャスを掻き鳴らし、ギャリギャリとした鋭いサウンドを奏でている。楽曲はおよそ終盤に差しかかっており、私は書き途中の写経用紙に慌ててバンド名を書き留めた。

——ナンバーガール。

翌日、私はさっそくこのバンドのCDを近所のタワレコで購入して自宅で拝聴して感電した。リハーサルスタジオで一発録りしたサウンドを、そのまま収録したかの音源——、経験者なら分かると思うが、多くのバンドが、天井近くに設置された二本のマイクで、その日の演奏を録音しておき、スタジオを出たのちに、皆でその成果を確認し、互いにダメだしをしたり、口喧嘩をしたり、殴り合ったりするのだ。まさしくあのリハスタ一発録りサウンドが、そのままCDに封入されている。私はこのCDを聴いて、およそ次のような感想を持った。

——現代のピクシーズやないか……。

その後に、私は彼らのライヴ映像を見て再び驚愕する。ボーカル&ギターの理科大生はジャキジャキジャキジャキという鉄の鎖を擦り合わせるような硬質な音を奏で、私の初恋の女の子である香織ちゃんにクリソツな可愛らしいセミショートヘアのリードギターの女の子はレッドキング[1]の鳴き声の如き耳をつんざくソロを弾きまくり、ベースのイケメンは直線的な八分弾きを変則的なダウンピッキングで奏でて独特な重低音のうねりを作り、ドラムはなんだかよく分からん叩き方でなんだかよく分からんフィルを多用している。このライヴ映像を見終える頃、私が完全に彼らのサウンドの虜になっていたことは言うまでもない。

前講でも述べたが、歌詞解釈は必要だろうか。しかし本講において私は批評家気取りゆえ、私なりの解釈を述べるならば、向井秀徳（しゅうとく）の書く多くの詩は端的に言えば酔っ払いの戯（たわ）言（ごと）である。怒りまくったファンに告発されそうだが、事実、多くの作品に私は上記の印象を持つ。

ある場面で瞬間的に想起した言葉を、意図することなく配置していき、一つの作品に仕上げていく。物語性には乏しいが、不思議と情景の浮かぶ詩であり（その多くは夕景である）、また言葉の選択が非常に独創的かつ酔狂的で、坂口安吾、あるいは安部公房あたりの、酩酊の最中に吐き出されたかの文言を想起する。まさか詞作の最中に一升瓶を片手に呑んでいたわけではないだろうが、いや、呑んでいたのかもしれないが、いずれにせよ向井の言葉のもたらす酔いは、バーボン・ウィスキーではなく日本酒であり、ボルドーワインではなく酎ハイであり、こうした和的酩酊的な言葉でギターロックを奏でるバンドを、私は他に知らない（貴様、カブキロックスを知らんのか、という声が聞こえてきそうだが、あれは私の中でメタルである）。

ちなみに私は近年、写経を再開しており、写経は『NUM-HEAVYMETALLIC』と大変相性がよいことに気づいた。というのも、私は約三百字の般若心経を書き写すのにおよそ四十五分掛かるわけだが、全十一曲の本作もおよそ四十五分のヴォリュームなのだ。そこで最後に、本作を拝聴しながら写経する人間の脳内を描写するという、前代未聞のアルバム全曲レビューを記して本稿を終えよう。

『NUM-HEAVYMETALLIC』

「NUM-HEAVYMETALLIC」冒頭の万歳三唱から写経を始め、遅延効果の施された妖しいリフが始まるあたりから私の脳内には発狂和尚が住職を務める山間の寺院が想起され「Inuzini」では私も自身の作品に対する告発及び内容証明は勘弁して頂きたいと切に願い、同時に文春社長に礼を言い、「NUM-AMI-DABUTZ」の前奏でなぜか戦隊物のオープニングを想起し、そう、ピンクはギター、ブラックはベース、イエローはドラム、そしてスタンドマイクの前で腕を組んで佇むサイケな後光射すレッドは狐面なのだ――「Tombo The Electric Bloodred」で私の脳内は血潮に染まり、そうだ私も夕暮れ時に真っ赤なTomboを見て、季節と季節の変わり目に恋をする無職童貞社会不適合者だったときもあったのだ、などと物思いに耽り、「Delayed Brain」そう、私もいい加減、社会との約束を果たさねばならぬ、しかし働く気は毛頭なく、私は私をクビにしたパン工場のホットドッグ班の班長を許さん、とこんがらがってるin my brainになり、「Cibiccoさん」ではなぜか警察二十四時の大捕り物の場面を想起し、犯人のロン毛が所持していたのは危険ドラッグではなく某乳酸菌飲料であり――、「Manga Sick」で、芥川の「河童」に登場するあの愛らしい哲学者のマッグを想起して癒され、しかし同時に資本主義の権化である硝子会社の社長のゲエルをも想起して憤慨し、「FU・SI・GI」のフリーテンポになるあたりで若干私の意識は崩壊しかけるが、「性的少女」で私の性的衝動が蘇って拙僧も村の神社の境内で致してしまう青春を送りたかったと悶々とし、「Frustration In My Blood」そう、私もかつては酔狂人であり、それは同時に魯迅に傾倒していた時期と重なり、『新訳・狂人日記』と題したブログを始めたところコメント欄にて、早めにカウンセリングを受けることをお勧めします、と読者から謎の心配をされ、「黒目がちな少女」のアウトロでいよいよ幸福な気分になって、家に帰る、家に帰る、波羅僧羯諦（ハ　ラ　ソー　ギャー　テー）、菩提薩婆訶（ボウ　ジー　ソ　ワ　カー）、般若心経――。

余談であるが、般若心経には〝人間存在とは何か〟が記されており、つまり本作及びナンバーガールと通じるものがあり、そのあたりも写経に合う起因だと踏んでいる。興味を持った読者は、是非とも〝ナムヘビ写経〟を実践してみて欲しい、あるいは私と同じように、己の人生の断片を追体験するような〝omoide in my head〟を堪能できるかもしれない。

註1　ウルトラマンに登場する怪獣。その恐ろしい鳴き声は子供にはトラウマ級だが、挙動は意外にコミカルである。

第3講

54-71

参考音源

『enClorox』
2002年
BMG JAPAN

その殺陣的サウンドに迫る

ナンバーガールについて取り上げたならば、このバンドにも触れなければなるまい。私が54‐71の存在を知ったのは、実は近年のことだ。某動画サイトにてナンバーガールの記録フィルムを観る最中、偶然にhal（ハル）の「6階の少女」（2001年）のPVを発見して拝見した。

周知の通り、本楽曲は向井氏が作詞作曲を担当し、演奏を共に務めるのが54‐71なのだが、私はその事実も、本楽曲の存在も、54‐71なるバンドについても知らなかった。

当時は現在のように、ユーチューブもSNSもなく、本来触れるべき作品を取りこぼすことは多々あったが、「6階の少女」もまさにそれに当たる。本楽曲の、コンクリート壁で囲まれた小部屋で演奏しているかのあまりに硬質かつ金属的なサウンドに私は甚く感銘を受け、この54-71なるバンド、只者ではあるまいと、グーグル先生にて調査の末に彼らのライヴ・フィルムに辿り着き、その映像を観て驚愕する。

まず一見してドラムセットがおかしい。バス、スネア、ハットの三点しかなく、タムもフロアもシンバルも無い。代わりにタムの位置には、申し訳程度にタンバリンが設置されている。そのドラムを叩く男の容貌もサウンドもまたおかしい。頭に捩(ね)じり鉢巻きをした半袖半ズボン姿の男が、打ち込みかと思うほどの恐ろしく正確かつタイトなリズムを刻んでおり、私はおよそ次のように思った。

——変態やないか！

ベーシストは舞台奥に立ち、恐ろしくグルービーな重低音を奏でており、しかし一向に客席側へ身体の表側を向けることはなく、いつこちらへ振り向くのかと待つが、何曲演奏しても聴衆には背中と後頭部しか見せず、私はおよそ次のように思った。

——変態やないか！

私は混乱しつつも、舞台上手へと視線を移す。そこではウエット・スーツにデニムのタンクトップを羽織った髭面の男が、切れ味鋭い血の滴(したた)るようなソリッドなリフを真顔で弾いており、私はおよそ次のように思った。

——変態やないか！

せめてもの救いを求めて、フロントマンに視線を移す。そこでは上下ジャージ姿の坊主頭の男が、中国拳法の如き怪しげな動きを披露しており、ときにマイクを股間に擦りつけつつ、ときに床にも股間を擦りつけつつ、ラップとも語りとも判別がつかない英詩を念仏のように唱えており、かと思うと、突如として奇声を上げて飛び上がり、以上をもって、私は完全にこのバンドの虜になった。

果たして当時、54－71の音楽批評は十分に為されていたのだろうか——、音楽誌から本講へやってきた読者も少なからずいるだろうから、〝批評〟とは何ぞやについて簡単に述べておく。

批評は、音楽雑誌におけるCDレビューや、ライヴレポートや、ライナーノーツとは全くの別物で、作品について肯定も否定もする。文芸批評が日本に根差したのは大正期で、二十世紀には数々の優れた批評家が活躍した。小林秀雄、江藤淳、吉本隆明——、こと文芸界隈では、批評が結構な力を持ち、同時に批評によって近代文学が正常に機能していた側面もある。

前述の通り、批評は公然と作品批判も行なう。自身が丹精込めて創作した作品を批判されると、作家の側は殺意を抱くわけだが、勿論、批評家も相応のリスクを負っている。的外れな批判をすれば、今度は批評家の側が批判の対象になるわけで、斬りかかる側も斬られる危険を孕んでいる。また当然ながら「この作品は駄目だ」とか「この作者は阿呆だ」といったネットの短文レビューの如きものは〝批評〟ではなく〝感想〟ないし〝悪口〟であり、批評はそれ自体がある種の作品性ないし芸術性を持つ必要がある。よって評する側は、たいへん骨が折れる。優れた批評家に批判された作品は、リスクを冒して骨を折ってまでしても評するに値した作品とも言え、こう考えると作家側の殺意もいくらか薄れるやもしれぬ（そこまで人のできた作家は、私を含めて少数しかいないだろう――）。

音楽市場の健全化を図る為にも、音楽批評は盛んに行われるべきだと、私個人は思う。甲本ヒロトではないが、大衆に最も支持された作品が最も優れた作品であるならば、世界で最も旨いラーメンはカップヌードルになってしまう。そして本講は、音楽批評の最前線だと言えなくもない。よって本講にて、私は平然と有名バンドを批判するかもしれない。そしてバンドメンバー及びファンに、タコ殴りにされるかもしれない。しかし革命家は銃殺刑を恐れてはならず、批評家は私刑を恐れてはならぬのだ、が、よくよく考えると、本講において私は批評家気取りなので、なるべくならタコ殴りは勘弁なのである。冗談はさておき、54‐71の批評をする。

彼らの音楽の多くは四小節のループ・フレーズで構成される。ヒップホップやラップで多用される手法だが、彼らはこれを打ち込みではなく生音で演る。伴奏はドラム、ベース、ギターのみ。しかも音数が非常に少ない。譜面に起こせば、五線譜は虫食いのように穴だらけだろう。音数が少ないループ・サウンドは、演奏者にとってリスキーだ。一つの発音のずれ、一つの音程のずれが、否応なく聴衆に露呈される。この特異な剝き出しの裸のサウンドが、ライヴに終始只ならぬ緊張感をもたらしている。

　特に顕著なのがドラムで、装飾が極限まで削ぎ落とされており、フィルインはおろか拍頭のシンバルすら鳴らない。フィルの代わりに多用されるのが無音（ブレイク）で、極限の緊張感の中で突如としてこの無音を挟まれると聴衆は息を飲む。この無音はロックバンドにおけるブレイクというより、日本的な〝間〟の感覚に近い。斬り合いの最中の一瞬の間、瞬きの次の刹那には双方どちらかの致命的な血飛沫が舞うことを想像させる一瞬の間——、この間の感覚が、似たジャンルに属するRed Hot Chili PeppersやRage Against the Machineとは一線を画する。同種の日本的な間を感じさせるバンドは、他にZAZEN BOYSしか私は知らず、してみると向井が54-71との共演から持ち帰ったものは多大であったかもしれない。

　この後、私は苦心してライヴ映像にて拝見した「iron joyful」を収録したオムニバス『N』（2001年）、「life」収録の『enClorox』を入手して拝聴した。確かに素晴らしい音源だが、あのライヴ映像と比べると物足りない。音源よりライヴがいいというバンドはよく聞くが、54-71はまさしくその典型で、生音でないとあの異様な緊迫感は味わえない。

　彼らの活動状況を調査してみると、バンドは二〇〇九年から休止状態にあるらしい。ボーカルの佐藤氏、ベースの川口氏はデジタルメディアの編集をしており、ギターの高田氏の足取りは摑めず、ドラムのBobo氏は〝くるり〟や〝TK〟のサポート・ドラムをしているようだ。

活動休止ということは、活動再開することもあるのだろうか。私は彼らのライヴを体感してみたいと、切に願った。なんでも某有名ロックフェスの出演ギャラは、およそ百万だという。出演ギャラは私のポケットマネーと、私の心の友であるアイ●ルないしプロ●スでなんとかするので、渋谷クラブクアトロあたりで企画ライヴを実現することはできぬだろうか、などと画策している次第である。

第4講
BUCK-TICK

参考音源

『悪の華』
1990年
ビクターインビテーション

『darker than darkness -style93-』
1993年
ビクターインビテーション

その暗闇の向こう側に迫る

私がBT（BUCK-TICK）と出会ったのは、中学二年生のときである。私はこの時期、御多分に洩れず重度の中二病を発症しており、夜な夜な近所の森にザク改[1]を探しに出かけていた。運が良ければ私も、被弾して森の中に横たわるザク改に出会えるかもしれぬ、そのザク改に搭乗して思わぬ能力を発揮し、連邦のMSを何機か撃破しアナベル・ガトー大尉に評価され、彼の部下になって戦死したい。

勿論、さすがに中二病とはいえ、本気で考えていたわけではない。本気ならただのヤベー奴である。でももしかしたら今晩こそは、森にザク改が横たわっているのではないか、そう夢想してしまうのが中二病である。そんな折に聴いたのが、BTの「悪の華」であった。

——遊びはここで終わりにしようぜ　息の根止めて Breaking down

——その手を貸せよ　全て捨てるのさ　狂ったピエロ Bad Blood

中二病患者にこんな歌を聴かせてはいけない。しかもジャケットを見る限り、これは人間なのかと疑うほどの妖艶な男がアコーディオンを抱えており、その隣のピエロを思わせるいかにも危険そうな男は白塗りの顔の左頬にB-Tと書き文字をしている。中二病患者にこんなジャケットを見せてはいけない。こうして私は、BT沼に Fallin' down していくのであった。

BTは数々の名盤鬼盤を世に送り出してきたが、その中でも私の個人的最高傑作は『darker than darkness -style 93-』である。このアルバムを理解できる者は少ないだろう。『SEVENTH HEAVEN』(1988年)のようなポップ性はなく、『狂った太陽』(1991年)のようにある一つの完成に達した作品でもない。一聴して殆(ほとん)どの聴き手が、これはなに？　という感想を抱くだろう。私もそうだった。全編がノイズと歪みと不協和音に覆われており、肝心の唄メロが、殆どメロとして聴こえない。が、どうにも私を惹きつけてやまず、そして聴き返すほどに私の心を捉えていく。そしてある日、ある楽曲に感電する。電撃は、遅れて効いてくることもあるのだ。

アルバムの一曲目を飾る「キラメキの中で…」。〝メタル・レゲエ〟というとんでもない発想から制作された本楽曲は、妖しくも耽美なアルペジオ風のリフの中から、軋んだドアが開くようなノイズが轟いてきて始まる。さながら暗闇の向こう側へ続く扉が開くようにして。レゲエを思わせる裏拍アップストロークのギターの和音は、歪みに覆われている。レゲエとは思えぬ低音部だけで構成された重々しい唄メロは、ノイズに浸食されている。その歪みとノイズの中から、サビで再びあのイントロの妖しくも耽美なリフが奏でられる。これが一九九三年の作品であることに、私は驚きを隠せない。この手の楽曲は、ゼロ年代にある程度は世に流通するが、BTはそれを十年前にやっている。つまりは十年先の音楽をやっている。そして本楽曲は二〇二三年の今現在に聴いても、全くその〝キラメキ〟を失うことなく私に響いてくる。

BTを語るうえで外せないのが、バンドの殆どの楽曲を手掛け、バンドの実質的な脳(ブレーン)でもある今井寿の存在だ。氏は右利きにもかかわらず、左のほうがしっくりきたから、というとんでもない理由でレフティーギターとなったが、この右利きなのに左手ギターという矛盾が、氏の演奏形態と楽曲制作に多大な影響を及ぼしたことは明らかだ。右利きの人間が右手でフレットを押さえようとすると、相当な齟齬が生じる。ロック的なソロや、ロックギターの醍醐味であるチョーキングなどには不向きだ。氏は独自の方法で、この齟齬を埋めていったはずだ。おそらくはサウンドの単純化によって。冒頭でも紹介した「悪の華」の、あのあまりにも有名なイントロのリフや、サビの裏側で流れる泣きのリフなど、非常にシンプルで容易にも聴こえ、誰でも思いつくように感じられて、実は今井にしか思いつけない。

そしてもう一つ外せないのが、櫻井敦司（さくらいあつし）の詩だ。批評文であまり触れられぬので本講で述べておくが、櫻井の詩は文学とも親和性が高い。彼の作家性が顕著になるのが『狂った太陽』だ。活動初期は凡庸なポップソングの詩という印象だが、本作では死と狂気の気配が漂い、同時に私小説的な側面を持ち始める。ファッションとしての歌詞ではなく、櫻井自身が詩に投影されていく。すると途端に言語感覚は研ぎ澄まされ、短い句で一気に聴き手の心を摑むフレーズが頻出する（本作で言えば「JUPITER」「さくら」「太陽ニ殺サレタ」に顕著だ）。櫻井は読書家としても知られているが、彼の詩は独自性が強く、「悪の華」という曲名を与えてはいるが、ボードレールを含めた詩人及び既成作家の影響はほぼ見受けられない。となると彼の言語感覚は天性のもので、しかもあの悪魔的美貌であり、おのれ神は二物を与えたか、と私なんぞは嫉妬するばかりである。

さて、中二病というのは、何も十四歳だけの特権ではない。大人になってから発症しても、少なくとも違法ではない。私は本講を記すにあたり、BTの主要作品を再聴し、結果として中二病を再発している。ちょうど自宅近くに、森林公園がある。もしかしたらあの公園の森の中に、ザク改が横たわっているのではないか——、そう考えると、いてもたってもいられなくなり、さっそく調査に行こうと思う次第である。
　しかしここで全く別の問題が提起される。森林公園は近隣住民の憩いの場であり、同時に子供たちの遊び場でもあり、警察の巡回ルートになっているのだ。限りなく無職に近いタカハシが、その明らかに怪しい風貌で白昼にふらふらと出かければ職質は必至であり、平日の日中になんでこんなところをうろうろしている？　職業は？　目的は？　と訊かれた場合、俺は文豪だ、森にザク改を探しにきた、遊びはここで終わりにしてやろうか、などとのたまえば「ちょっと署までご同行」は避けられないのである。

註1　ガンダムシリーズに登場するMS。『機動戦士ガンダム0080　ポケットの中の戦争』は、主人公の少年が森の中でザク改を発見したことにより、物語は始まるのだ！

第5講
椎名林檎

参考音源

『無罪モラトリアム』
1999年
東芝EMI

錬金術師としての林檎に迫る

私が初めて椎名林檎を拝見したのは、そう、ナース服姿で拳骨やら蹴りやらで硝子を叩き割り、拡声器を片手に唄う、あのあまりにもキュートなPVである。あのPVを観たとき、なんてロックなんだ、と思うと同時に、めちゃくちゃ可愛いやんけ、どうにかならんもんですかねぇ、と心の声が洩れた。

次に椎名林檎を拝見したのは、そう、縦半分に切断された私物のメルセデス・ベンツに搭乗し、眉毛全剃りのゴシックメイクで唄う、あのあまりにも過激なPVである。あのPVを観たとき、私はなんてパンクなんだ、と思うと同時に、音楽で売れるとこの年頃の女子でもベンツが買えるのか、わいもうかうかしてられへんで、と心の声が洩れた。

純粋に楽曲から椎名林檎の世界に入場していない私は、所詮は異端者かもしれない。これは些か奇妙でもある。リアルタイムで椎名林檎の音楽を感受できる世代にもかかわらず、楽曲ではなく演出を入口に、彼女の世界に立ち入ったのだ。しかし当時、この異端者がリスナー層のかなりの部分を占めていた、と私は踏んでいる。

ちなみに同時代の歌姫といえば、浜崎あゆみと宇多田ヒカルが挙げられる。当時の私は陰キャを拗(こじ)らせて逆に躁になった陰キャという二重に捻(ひね)くれた面倒くさい人間だったので、まず浜崎の音楽世界からは門前払いを食らった。一方で宇多田の音楽世界には、忍者の如くこっそり忍び込んだ。あの普遍的な美しい歌声と旋律に、ほいほい釣られたわけだ。しかしやはり最も食指を動かされたのは、椎名林檎の作品世界に他ならない。その世界とはいかなるものか――、端的に言えば、サブカルチャー・アンド・アンダーグラウンドである。

サブカルを好むことがカッコいいという風潮は「ガロ」時代からの通例だが、当時の私もまた御多分に洩れず、椎名林檎を聴いている俺はカッコいい、カッコいいはずだ、いやカッコいいに違いない、と考えていた。この手のコンテンツは、書物ならば『資本論』『存在と無』『AKIRA』あたりが担ってきた。ちなみに第一講で登場した山田君は、大学二年の頃に『資本論』全九巻を通読しており、一時期は「タカハシ君、奴の言ってることはかなりの部分で正しい、資本家によって労働者の搾取は続き、不均衡は拡大し、そうすることでしか機能できぬこの不完全な社会構造は必ずやどこかの段階で崩壊する、ではいかにして崩壊するか――、革命だ！　かのフランス革命と同じように、どこかの段階で資本主義はギロチンに処されるであろう！」などと宣（のたま）う、大変面倒くさい人間になっていた。

山田君との微笑ましいエピソードはさておき、ＳＭＡＰやＡＫＢが百万枚以上売れても驚かないが、なんなら浜崎が百万枚以上売れることも理解できるが、『無罪モラトリアム』が百七十万枚以上、『勝訴ストリップ』（２０００年）が二百五十万枚以上売れてしまうのは異常事態である。本来、椎名林檎の扱う領域は、大衆に爆発的に支持されるものではない。実は似たような現象が、彼女のデビューの七年前、九一年のアメリカはシアトルで起きている。ニルヴァーナによる、あの一大ムーヴメントである。

当時のシアトルにはBlood Circus、Hammerbox、Malfunkshun、Mono Men、Screaming Treesといった数多くの同ジャンルのバンドが居たわけだが、その中でなぜニルヴァーナが絶大な支持を得たのか――、多くの批評家が指摘し、カート自身も言及しているが、それは『Nevermind』（１９９１年）の持つポップ性に起因している。他のバンドの作品は、良いか悪いかは別にして、全編においてメロディーに取っ掛かりがなく、ジャンルのコアなリスナーには許容されるが（というかむしろ歓迎されるが）、一般的なリスナーにはまず受け入れられない。『Nevermind』と双璧を成したパール・ジャムの『Ten』（１９９１

年）にもまた、分かり難いにせよ確かにポップ性はあった。サブカル・アングラ的な作品を大衆に浸透させるには、どうやら一手間を要するようだ。

このあたりに椎名林檎の魔法があった。本来はサブカル・アングラ的なものにフックを与え、大衆が許容できる作品へと変換する錬金術である。例えば初期ならば「丸ノ内サディスティック」が顕著だ。こんなサブカル的な表題と詩を与えておきながら、Aメロからいきなり取っ掛かり満載なメロディーに、あの印象的なキメ、そこからサビへ至る流れは、歌詞とアレンジを無視すれば殆どポップソングである。しかし本楽曲を、ポップソングとして聞く者はいない。そこにはサブカルに触れ、サブカルを理解できる〝私〟への自己陶酔がある。ナース服姿の硝子割りや、メルセデス・ベンツの切断、あの手術室を模した「実演ツアー 下剋上エクスタシー」の舞台装置は、さながら演出的なフックであった。

意外かもしれぬが、椎名林檎は心情吐露を得意とする私小説家ではなく、皆の望むものを取捨選択して提示する大衆文学作家であった。こうして椎名林檎は天性のポップ性と持ち前のサービス精神によって、サブカル層だけでなく、本来は椎名林檎の世界内では異端者であるはずのメインストリーム層をも自身の領域に引き込み、（この構図はやはり九一年のニルヴァーナの成功と酷似している）結果として幸か不幸か〝椎名林檎〟は想像以上に、本人も社会も、大衆それ自体も予期せぬほどの、絶大な支持を得る。この過程がもう少し緩やかならば、あるいは大衆がもう少し頑固であったならば、椎名林檎の活動休止もなかっただろうし、しかし同時に東京事変の誕生もなかったかもしれない。

ちなみに私が当時、楽曲的に最も痺れたのは月並みだが「ギブス」（2000年）である。どこか「Heart Shaped Box」（ニルヴァーナ『In Utero』1993年収録）のPVを想起させる彼女にしては珍しくシリアスな映像演出も、「本能」（1999年）や「罪と罰」（2000年）の遊び心溢れたフィルムと対照的で際立った魅力を放つ。サビにおける暗いのに明るいという、いかにもロック譚詩曲（バラード）的な旋律の後に、間奏のギターソロと重なるように響く、あの音程を持ち上げながら枯れながら伸びやかに唄い上げるくだりは、何度聴いても胸がときめいてしまうものだ。

さて、例のごとく、と言ってはなんだが、私の椎名林檎はゼロ年代半ばでほぼ止まっている。なぜか――、そう、私はこのあたりでロックに絶望し、世界を変えるのはもはやロックではない、暴力である、という殆ど過激派と変わらぬ思想に憑かれ、拳闘ジムの門を叩くのであった（誤解なきよう補足しておくが、拳闘は暴力ではない。会長及びトレーナーの真摯なご指導ご鞭撻によって私は改心し、拳闘こそ真のスポーツであり、武道であり、日本人の心である、という思想を得るに至るのだ！）。

拳闘の話はさておき、私は現在、やはり世界を変えるのはロックかもしれない、と己の思想に修正を施している最中である。となると当然、椎名林檎は邦楽史において最重要人物であり、これはうかうかしてられぬと、彼女の他の作品を聴き漁っている。

機会があれば「続・椎名林檎」ないし「東京事変」の論に挑戦したいが、しかし私はロックに手を出すと毎回同じ筋道を辿るので、（そう、あの、ロック→ハードロック→ヘヴィメタルへと至る、通称〝メタリカ進行〟である！）本概論が折り返し地点を迎える頃には、やはり世界を変えるのはメタルであり、速弾きであり、ツーバスであり、つまりはメタリカなのである、と主張している可能性も、否定はできない。

第６講
bloodthirsty butchers

参考音源

『kocorono』
1996年
キングレコード

「7月/july」

二〇一三年五月某日、私は投稿用の小説を執筆する為に、車で三十分ほどの喫茶店、ゼットン（仮名）へ向かう最中であった。発表される保証のない作品を創作するには、熱量がいる。その熱量を得る為に、私はよく車内で音楽を爆音で聴いていた。殊、ロックを聴くと、野蛮な気持ちになる。車内で十分に野蛮さを充填した後に、ゼットンにて原稿用紙に向かい"I kill you!!"と念じながらペンを走らせるのだ。

ちなみに当時の私は、弁解の余地のない完全なる住所不定無職であり、野蛮なる住所不定無職というのは社会的に見ればかなり危険である。成程、当時の私が隔週で職質を受けていたのも納得である。こいつ過激派では、と勘繰ったポリに"I kill you!!"と念じたこともあるが、まぁ、職質の思い出はさておき、その日は気分を変えてFM放送で音楽を聴こうとカーステレオのチャンネルを回していた。と、とんでもない轟音サウンドが流れてきて、私の手は止まった。

すでに楽曲の後半のようで、いかなるバンドのなんたる曲なのか、全く分からないが、私のアンテナはびんびんに反応しており、車内で独りキタコレと洩らしていた。どこかの段階で、パーソナリティがバンド名と曲名を紹介するはずだ。私は期待に胸を膨らませ、同時に胸をときめかせ、その紹介を待った。アウトロも終盤に差しかかった頃、パーソナリティはバンド名と曲名を告げた。ブラッドサースティ・ブッチャーズ「7月/july」、そして最後に、フロントマンの吉村氏の訃報を告げたのだった。

そう、私がブッチャーズと出会ったのは、実のところ吉村氏の死後である。私が十代の頃にSNSはなく、バンドを知るきっかけは身近な友人であり、その友人コミュニティから洩れたバンドは、不幸にも聴かれる機会を失う。実際、私は十代で聴くべきいくつかのバンドを取りこぼしていた。イースタンユースしかり、少年ナイフしかり、ゆらゆら帝国しかり。ブッチャーズもまた、そうしたバンドの一つであった。

ゼットンからの帰路、ディスクユニオンに立ち寄り、さっそくブッチャーズの作品を購入した。『kocorono』と青字で盤面に記されたその十二インチディスクを、カーステレオへ挿入する。ジャケットの背面を見ると、リリースは一九九六年――、実に十七年の月日を経てから、十七周の周回遅れの走者として、私は本アルバムを体験した。バンドのマスターピースとも称される本作だが、冒頭の八小節を聴いた時点で、私の偏屈な嗜好に正確に嵌(はま)ることを確信する。Big Muff[1]の過剰な歪みに、アコギの感傷的な和音、吉村氏の飾り気のない素朴なボーカル――、曲目が進むごとに私の心身は高揚し、何度かキタコレを洩らし、そして六曲目にしてFMにて耳にしたあの作品が始まる。

「7月/july」はイントロが非常に長く、唄メロまで実に二分近くを要する。ブッチャーズはスリーピースなので、この二分近くを、ギター、ベース、ドラムだけで成立させている。重要な役割を果たしているのが、射守矢(いもりや)氏の低音部だ。普通、ベースは単音を弾くものだが、本楽曲のイントロではアルペジオによる和音を鳴らしており、このロー・ハーモニーに乗せて奏でられる吉村氏のラウドかつクワイエットなギターは、なぜか私に少年時代の大人への憧憬を想起させる。

なお、本楽曲には、イントロ以上の長尺のアウトロが用意されている。私がFM放送で耳にしたのも、このアウトロだ。吉村氏本人にも再現不可能と思われるアドリブ的な轟音ギターが、嵐のようなフィードバックとハウリングの中で　延々と奏でられ、このアウトロはライヴで観たならば大いに盛り上がるに違いなく、帰宅して数時間後に私は、北海道は小樽市、石狩湾新港樽川埠頭の特設舞台で行われたフェス〝RISING SUN ROCK

FESTIVAL 1999 in EZO"の記録映像へと辿り着く。

　ブッチャーズの映像は、水平線近くに朧気(おぼろげ)に浮かぶ、茜色の太陽から始まる。初見では日暮れかと思っていたが、驚いたことに夜明けであった。当日のタイムテーブルを確認すると、ブッチャーズの出演時間はまさかの午前三時半である。未だ薄い紫色の北海道の大地と海とを背景に、吉村氏の短いMC「この曲を演りに、北海道へ帰ってきました」を挟んで「7月/july」は始まり、サウンドと光景が調和して〝情景〟として私の瞳に映る。

　あの長いアウトロの最後、轟音の中で、吉村氏は肩に掛けたギターを外し、舞台から放り投げるのだが、これが夜明け直後の薄紫色の空を背景に、綺麗な放物線を描き、舞台下の更地へと叩きつけられて、ごしゃり、と何かの終焉のような音が轟き、彼の死を知ったのちにこの情景を見ると、懐古的でもあり暗示的でもあり胸に迫るものがある。

　さて、私は『kocorono』を体験した翌年に、めでたくデビューし、完全なる住所不定無職から、限りなく無職に近い文豪となるわけだが、つまりは私が投稿作品を執筆する為の野蛮さの充塡に、本作が一役買っていた可能性は否定できず、ゆえに吉村氏には頭が上がらず、氏の命日である五月二十七日には、毎年本作を爆音で聴くことにしている。

註1　非常に凶暴な音が出るエフェクター。オルタナティヴ・バンドには欠かせない一品。

第7講
PENPALS

参考音源

『AMERICAMAN』
1998年
バップ

その完成されたスリーピースサウンドに迫る

どうも私はスリーピースのバンドに目が無いようだ。ブランキー、チャットモンチー、ハイスタンダード、アシッドマン――、しかし最も心酔したバンドと言えば、ペンパルズかもしれない。と同時に、右に列挙したバンドに比べると、些か知名度が低いように思えるのは私だけだろうか。己が好きなバンドの世間的な評価が低いと、おのれ許せん、となるのは私だけではあるまい。よって本講では、ペンパルズ非公式広報担当タカハシとして、彼らの魅力を存分に語りたい。ちなみに私はバップの回し者ではない。

私とペンパルズの出会いは、当時の多くの

聴衆がそうであったように、あのテレビアニメ「ベルセルク」のOPテーマである。私はイントロの四小節を聴いた時点で心の八割を持っていかれ、サビを待たずして完堕ちし、こりゃあ、どえらいことになっとるな、明日は時給八百五十円のFマートなんぞ行っとる場合やないで、学校帰りはディスクユニオンへ直行や、といった具合でバイト欠勤を心に決めた。ちなみにFマートのバイトはこれより数週後に、自ら揚げた揚げたてのポテトを自ら堪能する場面を店長に目撃されクビになった。誠に遺憾である。

Fマートの件はさておき、私は無事にディスクユニオンにて1st『PENPALS』(1997年)と2nd『AMERICAMAN』を入手して堪能した。この二枚のアルバム、一聴してまったくやる気が感じられない。歌詞も唄もサウンドも、たれぱんだの如くぐったりしている。と記すと、おまえは本当に広報担当なのか、実はB藝春秋社の工作員なんじゃないのか、と勘繰られそうだが、事実だから仕方ない。ギターソロに至っては驚愕である。音階もリズムも何も考えずに、適当にフレットを押さえて、適当に右手を振っているとしか思えない。

このやる気のない楽曲群の中に、突如、やる気を出した、かのように聴こえる楽曲を挿入してくるのが、本二アルバムの構成である。「CARS」(『PENPALS』収録)のベースが始まった途端にはっとする。「Tonight she's gone」(『AMERICAMAN』収録)のギターリフが始まった途端にびくりとする。多くのリスナーが、あの瞬間に陶酔を覚えたはずだ。

この二枚のアルバム、おそらくは敢えて無駄な曲を収録して、全体の完成度を高めている。無駄な曲を入れて完成度が高まるわけないやろ、阿呆か、と多くの読者が反論するだろうが、アルバムは本来、分割された作品群ではなく全体で一つの作品であり、つまりはピアノ小品集ではなく交響曲である。小石があって宝石はより輝きを増す。例えば『PENPALS』におけるM2、M12、『AMERICAMAN』におけるM2、M5は、あの並びにあるからこそ、あの眩い輝きを放っている（上記理由により、私は美味しいとこどりのベストアルバムに食傷する）。

果たして初期ペンパルズのサウンドは、いかなるジャンルに属するだろうか——、私は勝手に〝ダウナーポップ〟と名づけたが、そんなジャンルは存在しない。既存のジャンルに当て嵌めるならば、九〇年代初頭の洋楽における〝パワーポップ〟が最も近い（ザ・ポウジーズ、ティーンエイジ・ファンクラブ、ウィーザーなど）。そしてパワーポップゆえに、彼らの演奏は非常に単純平易だ。この単純平易なサウンドが、ペンパルズの最大の武器なのだが、幸か不幸か、その太刀は諸刃の剣でもあった。

多くのファンが、ペンパルズは3rd『RIGHT NOW』（1999年）まで、という感想を持ち、私もこれは否定しない。三枚目のリリース後、ペンパルズは日本語詞をメインに楽曲制作を始め、同時に洋楽テイストは消え、新メンバーの加入によってギター二人の体制になり、サウンドに厚みが増し、手数も増え、結果として通俗的なロックバンドになってしまう。
ただペンパルズは持ちが悪いだろうことは、最初から予見していた。パワーポップはシンプルゆえに、コード進行が非常に重要な要素になる。が、コード進行には限りがある。同一のコード進行の曲を、装飾によって違う曲に仕上げることもできよう。しかし装飾を施せば、パワーポップの最たる強みの単純さは失われる。パワーポップやパンクといった、単純平易なサウンドを軸にしたジャンルは、その単純平易さゆえに楽曲の量産が難しい。ペンパルズもまたアルバム三枚で手持ちのかなりの部分を消費し、バンドとしての転換を余儀なくされた気がしてならない。

而して改めてペンパルズを拝聴してみて、初期のスリーピースサウンドはまったく隙がない。あの隙間だらけの、しかし絶対に必要な隙間だらけのサウンド、メロディーの持つ煌びやかなポップ性、リズム隊の聴き手を高揚させる打音——、そして商業的な成果はともかく、彼らが後世に与えた影響は多大である。数多のミュージシャンが彼らを敬愛し、畑の違う物書きの私にまで影響を及ぼしている。それら音楽的な功績は、前講で取り上げたブッチャーズに勝るとも劣らないだろう。

なお、ペンパルズは〇五年に解散しているが、一一年に期間限定で再結成しており、『PAST REST SUMMER』（２０１２年）というアルバムも発表している。このアルバム、非公式広報担当タカハシの一推しの一枚である。というのも、九七年当時のアウトテイクや未発表曲も収録されており、それこそ「CARS」「Tonight she's gone」を彷彿とさせる楽曲を聴くことができる。

新曲と合わせて全十六曲も収録されて、ジャケットの見開きでは『AMERICAMAN』のフットボーラーに扮したメンバー三人のフォトグラフも拝めて、なんと税込二千六百十九円、どうです、ファンならば買わない理由はないでしょう。繰り返しになるが、私はバップの回し者ではない。

さて、余談であるが、冒頭で紹介したベルセルクというアニメ、EDテーマはシルヴァー・フィンズなるユニット(?)が担当している。このユニットの『pigment』(1998年)なるアルバム、初期ペンパルズを超えるとんでもないダウナー集合体であり、全曲通しで聴くと、余りの脱力具合に頭の中が桃源郷へトリップしてしまう。

ペンパルズは好きだがシルヴァー・フィンズは知らん、という読者がいたならば、是非とも『pigment』も聴いて桃源郷二泊三日の旅を満喫してもらいたい。

第8講

Silver Fins

参考音源

『Waiting So Long』
1997年
バップ

『pigment』
1998年
バップ

その最高純度の脱力ポップに迫る

さて、前講にて触わりだけ語ったシルヴァー・フィンズだが、やはり一講を割くことにした。というのも本講は埋もれてしまった邦楽の名作ないし迷作を、私が紹介し、読者に拝聴いただき、感動ないし混乱してもらう、という意味合いもあるのだ。

こやつバップ作品ばかり贔屓(ひいき)に取り上げて、最近流行りの企業案件でも狙っているのか、と勘繰る読者もいるだろう。もちろん狙っている。本講に興味ある企業は案件料を明記の上、ご一報頂けると幸いである。

前講でも述べたが、私とシルヴァー・フィンズとの出会いは、あのベルセルクのEDである。私は本編アニメの興奮醒めやらぬ状態で本楽曲を拝聴し、およそ次のように思った。
――現代のサムシング・イン・ザ・ウェイやないか。

翌日、例の如くFマートのバイトをサボり（ちなみにフライドポテト盗み食い事件の一か月前にあたる）、ディスクユニオンへ赴き、マキシシングル『Waiting So Long』とアルバム『pigment』を購入して拝聴して愕然とする。シングル曲はともかくとして、それ以外の楽曲は脱力ポップの極致であり、私は次第に自身がたれぱんだへと変態していく感覚に陥りつつ、次のような実験をしてみたい誘惑に駆られた。

シルヴァー・フィンズと、ラルクアンシエル、つまり最高純度の脱力音楽と、最高純度の完全音楽とを、一曲一曲交互に人間に聴かせた場合、人体及び精神にどのような影響を及ぼすだろうか――。

私は被験者に、当時の親友であり悪友でもある、マルクスとヘヴィメタルに傾倒して非常に面倒くさい人間になっていた、あの山田君を選出した。

以前に述べた通り、山田君は常々、資本主義に懐疑的だったが、この頃になると己の思想を更に推し進め、――我々はメタリカ社会主義共和国として再出発せねばならぬ、国歌はマスター・オブ・パペッツ[1]、国章はメロイックサイン[2]、国獣は八岐（やまた）のドラゴンとする！　などと過激派もドン引きの発言を宣うまでになっており、公安に目を付けられる前にどうにかせねば、と危惧していたところであった。

私は自宅にて『pigment』と『ark』及び『ray』（共にラルクアンシエル、1999年）の楽曲を交互に配置した、約八十分の特製MD[3]を作成した。翌月の一月半ば、実験にお誂え向きの状況が訪れた。我々は若者らしく、志賀高原スキー場へのツアーに参加する計画を立てていた。ツアーは、新宿駅に集合して高速バスで長野へと向かう。私は関越自動車道を北西へとひた走るこのバスの車中で、

――山田君、最近の俺のお勧めの楽曲を並べたMDがあるんだが、聴いてみいひんか。

私は山田君に信頼されていた。何せ〝デス〟〝ドス〟〝ポイズン〟を彼に薦めたのは私だった。いつかと同じように素晴らしいバンドの楽曲の詰まったオムニバスMDに違いない、そう察しただろう山田君は、意気揚々と自身のウォークマンにMDをセットし、座席に背を預けて瞳を閉じた。

八十分後、車窓の向こうに長野県は下高井郡の冬山が見えてきた頃、山田君はおもむろに耳からイヤフォンを外し、突如、両方のまなこを見開いた。彼の顔面は紅潮し、瞳孔はぽっくりと開いていた。

――タカハシ君、どういうわけか、僕の脳内は今、イスラム世界にいる！　僕の眼前には白亜のモスクがあり、カンドゥーラを身に纏った敬虔なムスリムが、一様にメッカの方角を向き、跪き、アッラーの神に祈りを捧げている！　ラー・イラーハ・イッラッラー！

どうやら、最高純度の脱力音楽と、最高純度の完全音楽を交互に聴かせた場合、ヒトの

脳はイスラム世界へ旅立つようだ。して、シルヴァー・フィンズの総評をする。

「Waiting So Long」は発表年を鑑みると、非常に興味深い楽曲である。冒頭にて現代のサムシング・イン・ザ・ウェイと評したが、本楽曲には洋楽的なアングラ性と邦楽的なポップ性が同居している。一聴するといかにもコアな楽曲だが、構成や編曲は単純で分かりやすく、男女のオクターブ・ユニゾンによるメロディーは意外に親しみやすい。ＰＶも骸骨がヴァイオリンを弾いたり、自身の髑髏を三百六十度回転させたり、自身の髑髏でパントマイムをしたりと、コミカルな仕上がりだ。

シルヴァー・フィンズは二枚のアルバムを発表しているが、「Waiting So Long」に類する曲は他にない。アルバムには、この手のジャンルに理解ある私ですら理解できない楽曲群が並ぶ。「Waiting So Long」の路線での活動を、当時から私は強く望んでいた。つまりは、もう少しサービスして欲しかったのである。

洋楽的なアングラ性と邦楽的なポップ性の同居――、実は同時代にこの音楽性を主軸にしたアーティストが存在する。ラブ・サイケデリコである。くしくも双方が男女ユニットだ。ラブ・サイケデリコの『LADY MADONNA』は二〇〇〇年、『Waiting So Long』は一九九七年――、ラブ・サイケデリコのその後の商業的成功は周知の通りだが、類似したジャンルを、シルヴァー・フィンズは約三年早く開拓している。

シルヴァー・フィンズにもう少しポップ性とサービス精神があれば、あるいは、と思わなくもないが、たぶん当人たちにその気はさらさらなかっただろうし、やりたい放題の二枚のアルバムを発表したわけなので、アーティストとしては幸福だったと捉えるべきだろうか――（しかしこの作品のリリースにゴーサインを出した、当時のバップの制作部はパンクである）。

さて、特製MDによって、脳内がイスラム世界に旅立った山田君であるが、それが原因かどうかは知らぬが、彼はこの後、長野の雪山にて遭難し、救出に向かった私もまた遭難し、新聞記事になるような一大事件へと発展する。この挿話は正直めっぽう面白いのだが、音楽史概論の主旨からは逸れるゆえ、別の機会に語りたい。

註1　メタリカの代表曲にしてメタルのマスターピース。メタラーならば前奏だけで白飯三杯はいける。

註2　親指、人差し指、小指を立てるハンドサイン。メタラーたる者、写真にうつるときはこのサインを作らねばならない。

註3　ミニディスク。ゼロ年代初頭に活躍した録音メディアだが、iPodやiPhoneの登場により完全に過去の遺産となってしまった。

第9講
Port of Notes

参考音源

『Complain Too Much』
1999年
CRUE-L RECORDS

『With This Affection』
1998年
CRUE-L RECORDS

メタル小僧、ラウンジ・ミュージックに出会う

長野の雪山より命からがら生還し、無事に雪解けの季節を迎え、野原にたんぽぽも咲き始めた頃、私はタワーレコードの試聴機にて新たなアーティストを発掘した。ポート・オブ・ノーツは、当時のポーラのCMソングとして起用されていたので、耳にした読者も多いだろう。耳にしていながらCDを購入しなかった読者は、これを機に購入しなさい。そう、私は企業案件を狙っている。

冗談はさておき、二〇〇三年頃のCMには、実はマキシシングル『With This Affection』三曲目収録の楽曲が使用されている。この楽曲を起用したポーラの広報担当は、音楽を分

かっている。本曲「Those My Old Days」は、ポート・オブ・ノーツ史上で一、二を争う名曲だが、マキシシングル三曲目収録で、当時のアルバムにも未収録だったゆえ、埋もれてしまった感があった。以前も記したが、優れた曲が埋もれてしまうと、おのれ許せん、となるのは私だけではあるまい。よってポーラの広報担当グッジョブとしか言いようがない。

ポート・オブ・ノーツは、ソウル、ジャズ、アコースティック・ポップといった、ラウンジ・ミュージック系のジャンルに属し、つまりは青森生まれヘヴィメタル育ちの私には未体験の音楽であった。男女ユニットという点では、前講で記したシルヴァー・フィンズと同じだが、あの暗黒脱力音楽とは真逆で、オシャレなカフェで流してもまったく差支えないサウンドである。馴染の音楽と余りにジャンルが異なるゆえ、私はポート・オブ・ノーツの客観的な評価を知りたくなり、身近な人間、山田君に『With This Affection』を推薦して試聴させた。すると次のような感想が返ってきた。

――タカハシ君、君はいつからこんな腑抜けた音楽を聴くようになったんだ、この作品は、いつになったらツーバスが始まるんだ？　いつになったらエレキの速弾きが始まるんだ？　始まらないじゃないか。君はそのうちカヒミ・カリィとか聴きだして、やっぱりボサノヴァはえぇなぁ、とか言い出すんじゃないか？　タカハシ君、気をしっかり持て、コンビニバイトすら解雇されて自暴自棄になるのも分かる、しかしながら、畢竟この世界には、メタルかメタル以外かしかないんだぞ？

成程、彼のように重度のヘヴィメタル症候群に陥ると、メタルかメタル以外かの二択でしか世界を認識できなくなるのか——、客観的に評価して、これはただのヤベー奴である。

いずれにせよ人選を誤ったと悟り、私は新たなバイト先、ファミリーレストランGの、夜帯スタッフ皆のアイドル、村田怜美ちゃん（27）に、バイト後の休憩室にて本作品を聴かせてみた。怜美ちゃんからは、次のような感想が返ってきた。

——へぇ、オシャレなクラムボンみたい、わたしは好きな感じだな。

私は興奮した。色々な意味で。今度、このユニットが青山でライヴをするんで、良かったら、ぼ、ぼきと、一緒に見にいきませんか？　と、私は脳内で述べた。なぜ脳内なのか——、怜美ちゃんは人妻なのである。

しかもその旦那たるや筋金入りのヤンキーであり、ときに改造車で排気音を轟かせつつGの駐車場へ乗り入れ、バイトの我々を震えあがらせるのだった。怜美ちゃんに下手げに手を出せば、タコ殴りは避けられぬ。しかし私は怯まなかった。メタラーの端くれとして、退かぬ、媚びぬ、省みぬの精神で、およそ次のように述べた。

——良かったら、ぼ、ぼきと、一緒に従食[1]の目玉焼きハンバーグを食べませんか？

この後、怜美ちゃんと目玉焼きハンバーグをご一緒できて、ご満悦のタカハシなのであった。して、ポート・オブ・ノーツの総評をする。

ポート・オブ・ノーツは、畠山美由紀の聴き手を瞬時に取り込む卓越した歌唱力もさることながら、楽曲及び編曲が非常に洗練されている。『Complain Too Much』M1、M2は畠山の歌唱前のイントロ部で、すでに私は心を持っていかれている。特にベースラインが秀逸で、主旋律への過度な干渉をせず、それでいて要所で動的な印象的フレーズが差し込まれる。例えばM1のサビにて、二小節の装飾をしたのちに、次の二小節でルート弾きへ戻るあたりに、元ベーシストでもある私なんぞは痺れてしまう。

楽曲としての白眉はやはり『With This Affection』M3の「Those My Old Days」で、私はこの曲を聴いていると、よく膝小僧を擦りむいて絆創膏を貼っていた頃の少年期を想起する。本楽曲は全英詩で歌われ、英詩ゆえに断片的にしか言葉の意味は伝わらない。日本人が洋楽を聴くさいの、あの特異な歌詞体験と同じだ。歌詞は言葉ゆえに聴き手に想像させる強固な力を持つが、その力は余りに強大ゆえにときとして音楽を限定的にする。想像する余地を言葉が奪ってしまう。「Those My Old Days」において、私は断片的にしか詩を理解していないがゆえに、断片的な少年期の追想と重ね合わせることができる。上記理由から、私は敢えて英詩も和訳も読んでいない楽曲が多数ある。作り手が丹精込めて仕上げた歌詞を読まぬとは不届き者め、と憤る読者もいるだろうが、ときとして楽曲への偏愛ゆえに、歌詞を読めない、なんてことも起こり得るのだ。

さて、本講を記すにあたり、ポート・オブ・ノーツの近況をリサーチしてみると、散発的だが現在もライヴをしているようだ。実のところ、私は未だ畠山氏の歌唱を生で聴いたことがない。
生で彼女の歌声を聴いた場合、私の精神があちら側へ旅立ってしまうことは避けられず、もしライヴ会場にて、挙動不審で魂が半分抜けたが如き職質必至のタカハシを見かけたならば、警備員に告げ口せず、生温かく見守って頂きたい。

註1 従業員食事割引。我がバイト先のファミレスでは、七割引で店のメニューが食えたのだ！

第10講
headphone seminar

参考音源

『hello, good night EP』
2006年

『ceti』
2008年

そのワルツの〝ラウド・クワイエット・ラウド〟に迫る

二〇〇八年、某日、私は当時の我がバンド、ファットマン・ブラザーズ（仮名）のメンバー、ファットマン二号とファットマン三号を連れ、東京都渋谷区のセンター街を練り歩いていた。

ファットマン・ブラザーズは前の週に、都内某箱のオーディションライヴに落とされており、ファットマン一号こと私、タカハシは荒れていた。箱の店長は、我々のライヴ後にこう述べた。

——君たちの音楽は、ちょっと僕の理解の範疇を超えている、というか人間の理解の範疇を超えている気もする、いずれにせよジャンルがよく分からない、よってブッキングしづらい。

我々をジャンルという枠で括ることはできぬ。ファットマン・ブラザーズが目指す音楽は〝カオス〟であり、サウンド的には、ロックあり、ラップあり、サンバあり、ボサノヴァあり、ハワイアンあり、津軽民謡ありの、世界包括的音楽である。

「おう、俺はあの箱の店長を絶対に許さん、確かにファットマンのチケットは未だ二枚くらいしか売れないが、それは時代が追いついていないからだ。我々の音楽を理解できなかったことを、数年後に絶対に後悔させてやる。東京ドーム、京セラドーム、福岡ドームを回る、ファットマン待望のアリーナツアーを敢行する頃に、敢えて都内ライヴハウスツアーも組んで、しかしあの箱だけは会場から外してやる。店長は涙ながらに言うだろう、なぜうちではライヴをやってくれんのですか。そこで俺は言うのだ。私はあのとき、助けてもらえなかった亀です」

ファットマン二号は、そうだ、そうだ、と息巻いた。二号はニーチェと西尾幹二に傾倒する自称革命家の無職ニートであった。

ファットマン三号はううむ、と低い声で呟いた。三号は前科三犯イスラエル料理店アルバイトをする自称コスモポリタンの〝こどおじ〟であった。

この日、なぜ我々が若者の聖地、つまり我々にとっての敵地であるセンター街を練り歩いていたかと言うと、親交ある某バンド（後年にデビューしてけっこう売れる）が渋谷の箱で催す自主企画に、客として呼ばれていたのだ。自主企画というのは、自身が好きなバンドに声をかけて、自身でブッキングするというライヴ形態だ。して、私は渋谷の箱のフロアで、ブッキングされた名も知らぬバンドの演奏をぼんやりと眺めていたのだが、出順三番目のバンドのライヴが始まった途端に電流が走った。

そのサウンドはエモーショナル・ロックに違いないのだが、何かが他のバンドと異なっている。初見かつ油断していたゆえ、その何かが摑めぬままにただ感電して、気づけば演奏は終わっていた。その時点では、バンド名すらもよく分かっていない。私はさっそく物販コーナーへ行き、そのバンドのフライヤーとCDを手に取った。ヘッドフォン・セミナー『hello, good night EP』『ceti』、今回、本講で取り上げるバンドである。

ヘッドフォン・セミナーを知っている読者はいないだろう。これまで取り上げたアーティストとは違いレーベル契約をしているわけではなく、自主制作CDが数百枚売れたのみかと思われる。私はこの自主制作CDを当時へビロテしており、日本で最も彼らの音源を聴いたリスナーかもしれない。今、聴き直しても、やはり痺れるサウンドであり、本講で扱うことにした。して、商業誌初となる、ヘッドフォン・セミナーの音楽批評をする。

ヘッドフォン・セミナーはゼロ年代に下北沢界隈で流行していた轟音系のエモーショナル・ロックバンド（バーガーナッズ、ザ・ノーベンバーズ、スタンなど）に属するが、私が初見のライヴで気づけなかった他バンドと一線を画す何かは、拍子の違いである。彼らは主要な楽曲をワルツの拍、つまりは三拍子で構成している。三拍子が邦楽で用いられることは少ない。幼少期に童謡で触れた読者も多いと思うが、「かっこう」「お誕生日のうた」「エーデルワイス」などの原曲は西洋音楽だ。実際、邦楽市場へ目を向ければ、ヒット曲はほぼ四分の四拍子である。

ワルツの拍は、舞踏の拍、つまりは貴族の拍でもあり、轟音ロックの対極に位置するように思われるが、彼らの楽曲には必ずクワイエットの小節が設けられている。ピクシーズの〝ラウド・クワイエット・ラウド〟における〝静〟だ。「アールグレイ」（『hello, good night EP』収録）「Amica」（『ceti』収録）はまさしくワルツの拍のラウド・クワイエット・ラウドで構成されており、私は現代のピクシーズと邂逅したかの感銘を受け、「Fredrikson」（『ceti』収録）における速いビートでは四分の四拍子に比べて拍が足りない分、年端（としは）もいかぬ少年が懸命に駆けているようなたどたどしいゆえに心打つ疾走感を覚えた。

私はすっかり彼らのファンになり、ライヴや新作を心待ちにしていたのだが、残念ながら、バンドはこの後すぐに活動を休止してしまう。大学卒業を機に活動をやめたのかもしれない。就職してバンドをやめてしまうのは、インディーズ界隈では余りによくある話だ。ちなみに私はライヴ会場にて少しばかりメンバーと雑談をしているが、当人たちは覚えていないだろう。後年にこのような形で取り上げられるとは、想像だにしなかっただろう。

なお、現状でヘッドフォン・セミナーのCDは入手困難だが、主要楽曲はウェブ上で購入及び試聴できるので、読者諸君もぜひワルツのラウド・クワイエット・ラウドを体感して貰いたい。

ライヴハウスからの帰路、再び渋谷の煌びやかなセンター街を歩きながら、私の精神は高揚していた。いやぁ、いいバンド見つけたなぁ、たまにはライヴハウスも行ってみるもんやなぁ、そう洩らすと、そうだ、そうだ、と二号は賛同し、ううむ、と三号は低い声で頷いた。

この翌月、我々は下北沢の箱にて自身三度目のライヴを敢行したが、フロアの客の数より舞台のメンバーの数のほうが多いという目も当てられぬ惨状を招き、時代が早くファットマンに追いつくことをメンバー皆が切に願ったのであった。

第11講
相対性理論

参考音源

『シフォン主義』
2008年
みらいrecords

『ハイファイ新書』
2009年
みらいrecords

その夕方のアニメの時間の一コマ的な音楽に迫る

先日、深夜にNHKBSにて再放送されていた「欲望の資本主義」なる番組を自宅にてぼんやり観賞していた。ケインズ、マルクス、シュンペーターらの学術的遺産を現代の世界的な知識人が考察するという大変に興味深い番組で、私は社会主義者メタルの山田君を想起しつつも、次第にテレビ画面に釘づけになった。

が、ナレーションを担当する女性の声に、どうも聞き覚えがある。経済学の小難しい話をしているのに、その声はポップでキュートでチャーミングで、耳を傾けていると胸がきゅんきゅんしてしまい、途中から番組の内容が全く頭に入ってこない。

私の胸をときめかせる不届きなこのナレーション担当はいったい何奴——、して、番組終了後にテロップにて何奴かを知り、すべてが腑に落ちる。ナレーション担当は、相対性理論にて歌唱を務める、やくしまるえつこ、その人であった。

まず、最初に誤解を解いておきたいのだが、私は純粋に音楽のファンであって、やくしまるえつこ氏を偶像的象徴とみなした気持ち悪いファンではない。が、私は録音したやくしまる氏のラジオ放送〝おんせんユートピア〟をたぶん三回くらい通しで聴いている。少し鯖を読んだ。実際には三十回くらい聴いたかもしれない。本番組には氏が温泉に浸かりながらリスナーのお便りに答えるという設定のコーナーがあり、最後のキメ台詞、ふぅ、のぼせちゃったぁ、を聴くと、冒頭と同じように胸がときめき、はぁ、どうにかならんもんですかねぇ、という心持ちになる。繰り返しになるが、私はえつこたんの気持ち悪いファンではない。

バンドの話に移ろう。実のところ、私は相対性理論の存在を、自主制作時代から知っている。二〇〇七年の秋頃、相対性理論の初作品『シフォン主義』は自主制作チャートの一位を独走しており、いかなるバンドかと常々興味を抱いていた。そして私の興味はついに飽和し、本作品を購入すべく、自室から自身所有のCDを十枚持参してディスクユニオンへ向かった。何ゆえCDを持参したのか、そう、恥ずかしながら、当時の私は金が無かったのだ。私の心の友、アイ●ルとのお約束の日も過ぎており、携帯には何度目かの着信が入っていた。この着信を無視し続けると、心配性の心の友は、個人名で勤務先にまで電話をしてくるのだ。急がねばならぬ。

が、CD十枚の買取額は二千円にも満たず愕然とする。お約束には是が非でも二万円が必要で、これではCDを買うどころの話ではない、万事休すか――、しかし音楽への情熱と、お約束への焦燥が、すべてを解決する天才的な閃きをもたらす。名づけて〝クレカで現金化〟作戦である。

まず、みどりの窓口へ赴き、クレジットカードで東京、新富士間あたりの新幹線指定席回数券を購入する。次に、換金率の良い金券ショップへ赴き、その回数券を買い取ってもらう。私は以上の作戦にて二万円余りを入手し、我ながら天才だと思った。無事にお約束を果たし、CDも購入でき、満悦至極で帰宅し、自宅にて『シフォン主義』を拝聴して感電する。して、相対性理論の総評をする。

相対性理論の魅力は、殆ど意味を為さない歌詞と、一聴して聴き手の心を捉える秀逸なメロディーとの差異にある。この差異を表現するにあたり、やくしまるの歌唱の効果は絶大で、意味不明な歌詞を心地よいメロディーにのせて、あの内緒話をそっと打ち明けてくるような声で唄われると、聴き手は何を聴かされているのかよく分からない混乱と正体不明の酩酊を覚える。

彼女の歌唱に近い歌手として、すぐに思い浮かんだのがCharaだった。が、Charaの歌唱から受ける印象は少女っぽさを残した大人の女性であり、やくしまるの歌唱から受ける印象は少女そのものである。歌唱における虚構の彼女は、世間知らずで少し頭がお花畑で大人の女性への淡い憧憬を抱いた穢れを知らぬ箱入り娘なのである。

そのせいかもしれない。私は相対性理論を聴いていると、夕方のアニメの時間を想起してしまう。学校から帰宅して、母親が台所で夕食の唐揚げなんぞを作っている最中、リビングのソファーに座り、どこか心地よい疲労と空腹を覚えながらアニメを観る、あの平日夕方の日常の一コマだ。

テレビに映されるアニメは、八〇年代ならばミンキーモモ、九〇年代ならば姫ちゃんのリボン、ゼロ年代であれば魔法陣グルグルであったりする。多くの場合は窓から茜色の夕日が差していたりする、夕餉(ゆうげ)の匂いがリビングにまで漂ってきたりする、あの感じ。

やくしまるは少年少女期の夕方のアニメの時間の一コマを源泉にしてあの感じの再現を音楽で試みている、と私は勝手に考察している。こう考えると、より無意識が具現化されているだろう彼女のグラフィティカルなイラストレーションにも、妙に納得がいくのだ。

さて〝クレカを現金化〟作戦にて無事に窮地を脱した私だが、察しのよい読者はお気づきの通り、この作戦は全く根本的な解決になっておらず、利率が良かろうと額面からの差額を損失しており、お利息も加算されていく一方である。そしてクレジットカード枠が満額になったときが、詰みである。ある意味では人としても。

事実、私は数ヶ月後に人としての詰みを迎え、更なるとんでもない作戦〝●●を現金化〟を画策するに至り、リアル闇金ウシジマくん状態へ陥り、欲望の資本主義の最底辺の向こう側を垣間見ることになるのだが、それはまた別の機会にて——。

第12講
進行方向別通行区分

参考音源

『世界は平和島』
2006年

『よーし、いくぞ』
2011年

謎の男、田中に迫る

私が初めて進行方向別通行区分の存在を知ったのは、ゼロ年代の終わり頃だろうか、マイスペースにて『世界は平和島』の楽曲群を拝聴して感銘を受け、これはうかうかしてられぬと、渋谷の箱の解散ライヴへ参戦した。ちなみに彼らの公演は、常に解散ライヴと銘打たれている。なぜ毎回解散するのか――、それは私にも皆目見当がつかぬ。

ライヴは進行のフロントマン、田中氏の理解不能のMCから始まった。田中氏は傍目（はため）には中間管理職の会社員という風貌だが、この男がテレキャスを鋸（のこぎり）のようにギャリギャリ唸らせながら、とんでもなく切ない歌を唄う。

ベースの彼は、アンプの前に停車したママチャリのサドルに座ってファンキーなスラップを弾いていた。ギターの彼は、自身の彼女の年齢を暴露される曲で万歳をして踊り狂っていた。ドラムの彼は、ボーナムさながら[1]カウベルを打ち鳴らしイナザワさながら[2]の手数でスネアにタムにフロアを叩きに叩きまくっていた。そして最後はメンバー四人が肩を組み、聴衆と一緒に大合唱にてライヴは終幕を迎えた。

私は確信した。そしてマネーの虎の川原社長[3]の口ぶりで、次のように洩らしたのだった。

——これは売れる！

この後、私は進行方向別通行区分がチャートを賑わし、タワレコの平台に『世界は平和島』が山積みになる日を心待ちにしていたのだが、一向にその気配がない。そうこうしているうちに、私は前講で記した通り生活に困窮し、心の友、アイ●ルのお世話になり、更なる心の友、プロ●スにもお世話になり、自転車操業を始めて小説家になる。

自転車操業からどのようにして小説家になるのでしょうか、読者諸君は思うだろうが、それは私にも皆目見当がつかぬ。して、進行方向別通行区分（以下、進行）の総評をする。

進行の魅力は、言わずもがな、その楽曲センスにある。私の一押しならぬ二押しを挙げるならば「タイフーン17」（『世界は平和島』収録）と「恋泥棒サム」（『よーし、いくぞ』収録）で、両曲ともまさに田中節全開のセンチメンタル・サウンド、そのメロディーラインは全盛期の九〇年代邦楽ポップスを彷彿させる出色のでき栄えである。意味不明な歌詞に、感傷的なサウンドに、胸キュンメロディー、お気づきかと思うが、この世界観は前講で記した相対性理論と同じである。以降、私の勝手な推論を展開する。

進行も相対性理論も某大学の学生繋がりで結成されており、初期はメンバーが結構かぶっている。初期の相対性理論で楽曲制作を務めた真部（まべ）は、進行のギター担当でもある。田中とやくしまるにも、面識くらいあったかもしれない（ファンとしては胸アツ展開である！）。

結成は進行のほうが数年早く、後に真部をコンポーザーとして相対性理論が誕生した。この経緯からすると、田中の音楽的要素を、真部が相対性理論に持ち込み（真部は一二年に相対性理論を脱退している）、真部が持ち込んだ音楽的要素を、相対性理論のメンバーが発展させていった可能性は高い。であるならば相対性理論の原型を創った田中の功績は多大で、同時にそのあたりは正当に評価されているのか疑問だ。

が、田中自身は、どうも評価や売上には一向に興味がないようだ。当時の進行は三百人規模の会場を毎回完売させており、レコード会社から声がかからないはずはない。おそらく田中の意向でインデペンデントな活動を選択したのだろうが、そのプロモーションたるや唖然とするほど適当で、まともなライヴ告知もせず、自主制作ＣＤは会場で手売りするのみで、あとは気まぐれにユーチューブに動画を公開するくらいである。

レコード会社と契約して平均的な宣伝広報をして流通形態でＣＤを販売していれば、売れたことは確実で、相対性理論と同等かそれに近い知名度を得たはずだ。相対性理論は一六年に武道館公演をしているが、進行は散発的にライヴハウスで活動するばかりで、田中が別バンド「古都の夕べ」を始めてからは殆ど休止状態にある。

田中の意向ならば致し方ないが、ファンとしてはCDが数万枚売れて、武道館と言わずともZepp DiverCityあたりでライヴをする進行も観てみたい。勿論、上記は私の勝手な推論と勝手な希望であり、実情は定かではない。田中はライヴ以外で公の場に姿を現すことはなく、SNSで何か発言するわけでもなく、まさに謎の男なのである。

そこで私は、謎の男、田中を紐解く、全進行ファン待望の画期的な企画を思いつく。『A賞作家にして現代のアヴァンギャルド「高橋」が、進行フロントマンにして遅れてきたポストモダン「田中」に迫る！　近現代音楽史概論B、三次元ヴァージョン、田中×高橋、よくある苗字同士の世紀の対談がついに実現』なる企画である。

まずは文藝春秋社より田中氏に電話をりんりんりんしてもらい、「文學界」への登場を依頼するのだ、が、田中氏のことなので、ハロー、中山でてきたー、となる可能性も大ゆえ、企画実現の為には、もはや私が直接、玄関ピンピンピンピンするしかないやもしれぬ——。

註1　ご存知、レッド・ツェッペリンのドラマー。三連符を多用したドタバタとしたフレーズが堪らんのである。

註2　アヒト・イナザワ。ご存知、ナンバーガールのドラマー。八分裏でスネアとシンバルを叩くフレーズが堪らんのである。

註3　マネーの虎に出演していた、なんでんかんでんの社長。志願者の持ち込んだ抱き枕を見て「これは売れる！」と豪語するも、まさかのノーマネーでフィニッシュ。

第13講

鬼束ちひろ

参考音源

『Sugar High』
2002年
EMIミュージック

その甘美たるハイに迫る

おまえらのやってることはぜんぶまるっとどこまでもお見通しだ、というドラマを、当時の私はまともに観ていないのだが、本作のEDテーマ「月光」（2001年）はリアルタイムで聴いている。

当時の歌姫と言えば浜崎あゆみがいたが、思春期をメタル一筋で過ごした人間が、あゆの「evolution」（2001年）の世界へ立ち入るのは無謀というか無理である。しかし「月光」の旋律は、孤独なメタラーをも優しく包み込んでくれる。私はこのED部分だけを録画して、繰り返しその旋律に癒されたものだ。

時は流れて令和三年の十二月、アマプラに入会した私は、上記ドラマを夜な夜なスマホで観賞している。仲間由紀恵の美貌もさることながら、そのチャーミングな振る舞いもさることながら、その隠しきれない色気もさることながら、物語もゆる系ミステリとしてよくできており、後半でまるっと謎解きをして解決する場面は痛快である。成程、ミステリが小説の一大ジャンルであることも頷ける、これは私もうかうかしてはいられない、私も傑作ミステリ小説を執筆して、映像メディア化を目指さねばならない。内容もたったいま思いついたので、さっそく書き記す。

主人公の派遣社員、丸山孝太郎(30)は、ある日、自分がゾンビとなり、うーうーと呻きながら生きた人間の生肉を求めて路上を徘徊していることに気づく。辺りを見ると、人々は同じようにゾンビとなり路上を徘徊している。なぜ皆はゾンビになったのか、なぜ自分だけ我に返ったのか、さっぱり分からない。丸山はゾンビ歩きにも疲れたので、自宅アパートに帰りコンビニで買った唐揚げ弁当を食う。ゾンビといえども別に生肉でなくてもええんやなぁ、と丸山は思う。テーブルの上には、B5ノートが置いてある。丸山は母の教えで、日記を書く習慣があった。孝太郎ちゃん、人間は過去をすぐ忘れてしまうの、一か月前の夕食に何を食べたかなんて覚えていないでしょう、すっかり忘れちゃうってことは、無かったことと同じよ、そんなのって寂しいでしょう、だから日記を書きなさい。

唐揚げ弁当を食いながら、人間の頃にノートへ綴った日記を読み進めるうちに、なぜ人々がゾンビになったのか、なぜゾンビでありながら自分は人間の心を残しているのかが次第に明らかになるという、人体と精神の根源および現代社会の腐敗性に迫る、デヴィッド・リンチもびっくり、ジョージ・A・ロメロもにっこりの、人類初の哲学系ミステリゾンビ小説である。タイトルもいま思いついた。「丸山ゾンビはかく語りき」。単行本の帯文もいま思いついた。——これを読む者、一度は発狂する。本作は発刊後にもちろん映画化され、もちろん主題歌は「月光」である。I am God's child. この腐敗した世界に堕とされた——。そんなわけで本作に興味を持った出版社および映画会社は、文壇のTKことタカハシまで是非ともご一報頂きたい。して、鬼束ちひろの総評をする。

彼女の最大の魅力はその歌唱にある。ゼロ年代にあれだけ歌唱の強さを持った女性アーティストを私は他に知らない。歌唱の強さはソングライターとしても武器になる。「月光」において、冒頭四小節のみで心を摑まれたリスナーは多いだろう。『インソムニア』(2001年)も秀作だが、私の推しは『Sugar High』である。本作はクラシックを意識して創作されたらしいが、私は彼女の作品群の中で最もロックを感じる。

M4「Tiger in my Love」はピアノロックとでも言えるサウンドで、特にリズム隊のアンサンブルが秀逸で、ベースは女性シンガーのバックとは思えないほどに動きまくる。歌唱もウィスパーからシャウトまで表情豊かで、終盤の無伴奏で歌われる数小節は圧巻だ。このロックナンバーの後にM5「Castle・imitation」へと続く流れも心地よい。アルバムではピアノの弾き語りで収録されているが、初回盤では別途付属CDにてバンド編成のヴァージョンも聴くことができる。私はやはりロックバラードとも言えるこのバンド編成の編曲が好みで、五曲目に初回盤「Castle・imitation」を挿入した、オリジナルMDを作成して繰り返し聴いたものだ。そして本作の白眉であり本作の主題とも言えるM9「BORDERLINE」――、ベーゼンドルファーのグランドピアノによる淡々とした冷ややかな伴奏に、彼女の熱を持った鬼気迫る歌唱が対比的で、アルバムの最後を飾る本楽曲を聴き終えたとき、その余韻の中で私は甘美たるハイの感覚に陥る。

鬼束はデビューから二年十か月余りの間に『Sugar High』までの三枚のアルバムを立て続けに発表している。実のところ、私は一抹の危惧を抱いていた。短期間で大量に作品を創造することは、結構な危険を孕む。創作中はある種の興奮の中にあるから良いが、疲労は後遺症のように訪れる。結果として、鬼束はこの後に長期休養や所属事務所の移籍などを経て、次作のアルバム発表まで実に五年の歳月を要するのだった。

彼女の近況を調べてみると、一〇年代以降はアルバム制作にライヴと精力的に活動しているようだ。実は私は、彼女の歌唱を生で聴いたことがない。当時の私はこよなくメタルを愛する引き籠りのニートだったからだ。しかし現在の私は、こよなくメタルを愛する引き籠りではあるが、かろうじてニートは卒業したゆえ、鬼束氏のライヴへの参戦を企てている。

彼女の歌唱の力が、未だ展開の定まらぬ私のミステリ小説のクライマックス、派遣社員丸山ゾンビと、派遣元上司の吉村ゾンビが、人類の存亡をかけた泥仕合をする場面に、神がかり的な閃(ひらめ)きをもたらすことを期待して——。

第14講
X JAPAN

参考音源

『Jealousy』
1991年
ソニー・レコーズ

その繊細なる暴力に迫る

私の世代は人生で一番良い時期にエックスを体験している。

中学校へ進学する手前、つまり友人や先輩から海外のヘヴィメタルが流入される前に、先にエックスを体験したゆえ、その衝撃たるや並ではない。ツーバス初体験、速弾き初体験、メタル的ハイトーン・ボーカル初体験、テレビの歌番組で視聴してきた歌謡曲とは似ても似つかぬ異次元の楽曲――、しかもCDジャケットを見れば髪を逆立てて禍々しい化粧をした五人の不良の姿があり、こいつらは筋金入りだ、とタカハシ少年は震えあがったものだ。

当時、我が町内会でもエックスのCDは一気に出回り、子供たち、特に男子は夢中になり、当然、親世代の大人は、不良の格好をして破壊的な音楽を奏でる彼らを快く思わなかった。教育熱心な両親を持つ親友の内田君は、こんな不健全な音楽は聴いてはいけません、と母親に説教され、父親には、こんな煩(うるさ)いだけの音楽は音楽ではない、松山千春の「長い夜」を聴け、あれこそ人の精神を浄化する高尚な曲だ、と諭されていた。当時のエックスはゴールデンの歌番組でも機材を破壊する過激な演出をしており、お茶の間の顰蹙(ひんしゅく)を買うのも無理はない。

エックスは邦楽史を見ても特異なバンドで、多くの人気バンドは活動と共にフォロワーを生むが、エックスに限っては、〝エックスのようなバンド〟は現在に至るまで皆無だ。そのサウンドは七〇年代から八〇年代の黄金期の洋楽HR(ハードロック)・HM(ヘヴィメタル)を下敷にしており、分類的には明らかにヘヴィメタルに属するが、驚くべきことに彼らはまず女子からの支持を得た。

当時のライヴ映像を観れば分かるが、観客の大部分が女子であり、これはメタルバンドとしては異常な光景である。メタルに女子が押し寄せるなんぞ、世界的にも例がない。彼らの妖艶なヴィジュアルもさることながら、彼らの音楽の中性的な部分が作用したのだろう。マノウォーのメタル即ち筋肉である、という漢(おとこ)メタルではなく、クラシック的な美と繊細さを持ったメタル、その一つの到達点が「Silent Jealousy」である。

「Silent Jealousy」を聴いていると、私は交響曲を体験しているかの錯覚に陥る。楽曲に起承転結があり、つまり全体で四楽章構成が為されているように感じ、後奏ではまさにすべての楽章のサウンドが一点に昇華されていく高揚を覚える。ＹＯＳＨＩＫＩの才もさることながら、本楽曲にはトシも不可欠で、彼のボーカルはハイトーンでありながらシャウト気味に荒っぽく掠(かす)れており、クラシックとメタル、繊細性と暴力性を、唄で正確に体現している。まさに替えの利かないボーカルで、その稀有な存在がＹＯＳＨＩＫＩの幼馴染だというのはもはや運命だろうか。

本楽曲を収録した『Jealousy』の制作にはちょっとした逸話があり、ＹＯＳＨＩＫＩは何週間も部屋に引き籠って誰とも会わず、楽器にも触れず、延々と譜面と向き合って曲作りに没頭したという。誰とも話さずに一人で譜面に音符をかりかり記す作業を何週間も続けていたら頭がおかしくなりそうだが、よくよく考えると、執筆も似たような作業である。が、幸いにも文章を書く場合には聴覚が空いているので、音楽は流せる。

果たしていかなる音楽が集中力を高め、よりよき文章を生みだすのか——、クラシックが集中力を高めることはよく知られているが、最新の某国の実験「音楽と集中力の相関性」によれば、クラシックと周期的な速い律動を持った音楽を交互に聴かせると、交感神経と副交感神経が刺激されてより深い集中を得られることが実証されており、実験主任はこれに最適な楽曲はエックスの「Stab Me In The Back」と「Say Anything」だと結論づけている、ゆえに読者諸君も勉強をするさいにこの二曲を交互に流せば深い集中を得られることは請け合い、是非とも実践してみて欲しい。ちなみに上記実験はサンプル一で、実験主任及び被験者は私である。

さて、我が町内会の良識ある大人から顰蹙を買っていたエックスだが、後年、ある人物の登場によって彼らのエックスを見る目が一変する。

——構造改革！　郵政民営化！　私が自民党をぶっ潰す！

そう、時の首相、小泉純一郎の登場である。

首相がエックスのファンであることを公言し、自ら出演する自民党のCMソングに「Forever Love」（1996年）を使用し、町内会の大人たちは手の平を返したように、エックスは優れた音楽性を持つ崇高なバンドである、なる謎の認識を持つ。内田君の両親も即落ちして「Forever Love」は人の精神を浄化する高尚な曲である、などと語り出したという。

我が町内会の大人は頑固なのか騙されやすいのかよく分からぬ、とタカハシ少年は訝ったものだ、が、小泉首相がエックスファン、これは非常に合点がいく。

メタラーはよく、対象をメタルか否かで認識する。プロレスはメタル、時代劇はメタル、柴犬はメタル——、そして小泉首相は、まごうことなきメタルである。

第１５講
初音ミク

参考音源

「VOCALOID2
HATSUNE MIKU」
2007年

「メルト」
（ニコニコ動画より）

その四半世紀に一度のイノベーションに迫る

私の脳内がみくみくになっていたのは、二〇〇七年の暮れである。

この年の九月に公開された「みくみくにしてあげる♪【してやんよ】」（以下、みくみく）を拝聴して仰天した。ほぼ同時期にパフュームの「ポリリズム」（２００７年）がリリースされており、我々が潜在的にデジタルに近しい歌声を求めていたことは確かだが、ついに歌声はデジタルそのものになってしまった。この感情のない平坦な声で唄われるポップなメロディーに、当時の私はやられてしまい、我がバンド、ファットマン・ブラザーズの登場ＳＥは暫くの間「みくみく」であった。

ある晩リハスタにて、ファットマン二号と三号は熱い議論を交わしていた。「初音ミク」はメタルか否か。前講でも記したが、メタラーは必ずこの二元論に陥る。

自称革命家の無職ニートの二号は、メタルに見せかけて我々を誘惑する匂わせメタルの妖婦であり深入りすべき対象ではない、と主張した。

一方で前科三犯イスラエル料理店アルバイトの三号は、緑の長髪に奇抜な服装で長ネギを片手に唄う、どう見てもメタルやないか、と主張した。

二人は一号である私を見て、意見を求めた。二号三号どちらの主張も腑に落ちるところがあり、私は結論を出せずにいた。そして議論は平行線のまま、レスリングシリーズに及んだ。

本講読者は知らぬだろうが、レスリングシリーズは当時のニコ動で一世を風靡した哲学動画である。筋骨隆々としたアングロ・アメリカ人がレスリングをして、パンツを取り合い、パンツを剝がれて生まれたままの無垢な姿になったほうが負けという妖精動画である。何を言っているのか分からないと思うが、実際に動画を見てもわけが分からない。だから本シリーズは、哲学カテゴリーに投稿されている。

ボーカロイドとコラボした動画も多数あり、このシリーズは「歪音（ゆがみね）エナ」と称されている。兄貴たちの試合中の雄叫びや、臀部を殴打する音をサンプリングして、旋律やリズムにするのだ。

兄貴のハイトーンの咆哮、ツーバスさながらのスパンキング音、そして何よりもガチムチの筋肉はマノウォー的であり、「初音ミク」の件はいったん持ち帰るとして、「歪音エナ」はまごうことなきメタルである、という一致を見て我々の議論は終結した。

ちなみにニコニコ超会議にて、レスリングシリーズのヒーロー、ビリー・ヘリントン氏と握手したことは、ファットマンズの誉(ほまれ)である。して、一八年に不慮の事故にて逝去されたビリー氏に哀悼の意を表しつつ、「初音ミク」の総評をする。

二〇〇七年九月に公開された「みくみく」は一分半のいわばネタ動画であったが、同年十二月に状況は一変する。「メルト」の公開である。本楽曲はネタではなく完全に完成された楽曲で、その質は商業的に流通している作品と遜色がない。この動画は結果として一千万回以上も試聴され、若者に広く認知される。「初音ミク」をボーカルに据えたボカロＰと呼ばれるクリエイターが多数登場し、一大シーンを築いていく。

ボカロＰはレコード会社に所属しておらず、つまり商業作曲家ではない。楽曲製作からリリースまでがワンルームで完結し、その作品が優れていれば大衆に広く認知される。一連のムーヴメントをリアルタイムで身近に体験していた私からすると、「初音ミク」登場は四半世紀に一度のイノベーションに感じられた。音楽産業が勃興して以来、一部のクリエイターしか立ち入れなかった閉じた世界に、ＤＴＭと「初音ミク」というソフトウェアがあれば、誰もが即座に参入できるのだ。

ボカロPの音楽性は時代にも即していた。「初音ミク」はソフトウェアのコンセプトからしても、そのヴィジュアルからしても、ゼロ年代アニメカルチャーと親和性が高い。結果、多くのボカロPが、アニメ的物語性を有した楽曲を製作した。第一講にてバンプが九〇年代のコミックカルチャーをロックに持ち込んだと記したが、ボカロPはゼロ年代のアニメカルチャーを「初音ミク」を介してロックに持ち込んだ。このあたりの流れを土壌として、後に米津玄師やYOASOBIがシーンを席捲する。「初音ミク」登場は楽曲的にもイノベーションであった。

二〇年前後から、邦楽ではシティポップが流行しているが、これはボカロを聴いて育った世代が音楽制作を始めた結果かもしれない。多くのボカロソングが打ち込み系サウンドであり、そのポップな音色はどこか八〇年代シティポップに通じる。ゼロ年代のバンプ、一〇年代のボカロ、二〇年代のシティポップのリバイバルときて、果たして今後どのような音楽が邦楽史に登場するのか、楽曲の完成度は衰退するどころかむしろ日進月歩しており、今後の邦楽史の展開が楽しみな限りである、などと記すと本講が最終回のようだが、案ずるなかれ、我が概論Bはもう少し続くゆえ引き続きお付き合い願いたい。

さて、本講を記すにあたり、私は久しぶりにニコニコ動画へログインした。「初音ミク」の楽曲群を聴いて感傷に浸り、レスリングシリーズを観てビリー兄貴に勇気を貰い、そして何気なく己の「投稿動画」の欄をクリックして青ざめる。当時の私が投稿した「【カラメル】カスタードプリン作ってみた【カリメロ】」が公開されたままになっているではないか——、動画主が私であると世間に露呈すれば、文豪としての私の沽券（こけん）にかかわる。

「先生、普段は無頼派の作家気取りですけど、ニコ動にプリン作る動画とか投稿してるんですねｗｗｗ　今どきカリメロのコスプレとかｗｗｗ　しかもマイリス[1]三人しかいないじゃないですかｗｗｗ」

私は脂汗を垂らしつつ震える手でマウスをクリックし、己の黒歴史を抹消したのだった。

註1　マイリスト。ニコニコ動画にて、投稿動画をお気に入り登録できる機能。動画の人気の指標にもなり、マイリス三人は絶望的な数字である。

出張講義

King Gnu

参考音源

「白日」
2019年
Ariola japan

その完全なる変態に迫る

文春オンラインにエッセイで登場するのは三年ぶり四度目である、などと語ると、甲子園に出場する高校野球児のようだが、私はかつて町内子供野球チーム〝間々宮パイレーツ〟の不動のベンチメンバーだったゆえにスピリットとしてはあながち間違えでもない。

して、本講は「文學界」にて連載中の「近現代音楽史概論B」の出張編である。同時に編集部からは、次のような依頼を受けている。

――分かってると思うが出張編というのは名ばかりで、本講の目的は新刊の宣伝である、音楽随筆はほどほどに新刊の宣伝を最優先せよ。成程、私も曲がりなりにもプロの作家、見事、編集部の期待に応えてみせよう。

本講ではゼロ年代の音楽を扱うことが多いが、私は自称音楽批評家として、一〇年代、二〇年代の音楽も期待感を持って常に注視している。そして今回取り上げるのはKing Gnuである。

そう、私が彼らと出会ったのは、二〇一七年「Vinyl」のＭＶだった。なんの予備知識もなく本ＭＶを観て、噂には聞いていたがとんでもないバンドが現れたと驚嘆した。センス溢れる楽曲、斬新な編曲、高度な演奏技術、特にボーカルの歌唱力は刮目もので、その甘くときに掠れるハイトーンの伸びやかで艶のある声質は全盛期のアダム・レヴィーンを想起させる。しかも俳優と見間違うほどの端整な顔立ちに妖艶なる色気――、私は確信した。そして川原社長の口ぶりで、一人洩らした。

――これは売れる。

実際その後、King Gnuは「白日」にて大ブレイクしたことを知り、自身の見る目に狂いはなかったと満足したわけだが、数ヶ月後、偶然にもＣＤＴＶ（カウントダウン）で彼らを観て愕然とする。テレビを点けると、ちょうど彼らのスタジオライヴ中で、演奏曲はすでにアウトロに入っており、ボーカルの立ち位置では、髭面眼鏡に半袖短パン姿の、謎の珍奇なる男が、謎の珍妙なる踊りを披露しており、その姿はどう好意的に見ても完全なる変態である。この変態は、いったい何奴――。

そして演奏終了と共に理解する。なんということだろう、あの男前のボーカルは、おそらくは事務所の方針で解雇されたのだ。インディーからメジャーへ移籍するさいに、音楽的な理由でメンバーが代わる、これは間々ある話だ。しかしあのボーカルを解雇する理由は、まるで見当たらない。私は混乱した。果たして彼らにいったい何があったのか。

そして後日、「Vinyl」のMVに出演していた彼と、あの完全なる変態が同一人物であると知り、私の頭は更に混乱する。この二年半ほどの間に彼にいったい何があったのだろうか、現代の音楽業界はあの好青年を完全なる変態にまで貶(おとし)めてしまう魑魅魍魎(ちみもうりょう)の跋扈する異界なのだろうか――、そして彼が完全なる変態と化して以後も、その歌唱力は衰えるどころか益々の艶を帯びており、変態が美しい声で唄うという現状に私の脳内は更なる混迷を極めていくのだった。これはもう彼らのライヴに赴いて、その全貌を目の当たりにするしかない。

そんな折、ロック・イン・ジャパン・フェス2022に、King Gnu が出演することを知る。しかも本講でも取り上げた、バンプにナンバガ、親交のある尾崎君のクリープハイプ、そしてかつて心酔したももクロまで登場するではないか――、問題は高額なチケット代の捻出である。私は我が敏腕顧問税理士の御手洗(みたらい)に連絡をした。

――御手洗君、これって経費でどうにかならんのかね。

――ロッキンでの体験を元に先生が原稿を書くのならば、経費にすることもできるでしょう。ところで先生、先月の経費として計上されているFANZAの月額見放題プランですが、こちらはいずれ原稿になるのでしょうか？

そんなわけで、私は意気揚々とロッキンの通し券を購入した。くしくも本講が掲載される翌日、八月六日からロッキンが始まる。本体験を原稿にしなければ〝令和の脱税作家〟となり違う意味で文春オンラインに登場しそうなので、ライヴの全貌はいずれ連載で記そう。して、King Gnuの総評をする。

九〇年代、非常に強い主旋律を持った楽曲が量産され〝Jポップ〟と名づけられたが、例えば「白日」を聴くとなぜかあの楽曲群に近い印象を受ける。どこを切り取ってもサビに聴こえるというあの感覚――、この強い主旋律をポップスでもロックでもなくミクスチャー・ロックに乗せたところに彼らの独自性があった。同時にこのミクスチャー、《混ぜ合わせ》の素材が非常に多岐に亘り、その領域はハードロックやヒップホップやクラシックやジャズにまで及び、本来ならば難解で雑多な音楽になりそうなものだが、強い主旋律とあの稀有なボーカルによって広い間口を設け結果として大衆の支持を得た。つまり〝Jポップ〟をも混ぜ合わせに用いたと言える。King Gnuに限らず、ポップスやロックの範疇の外で強い主旋律を持つアーティストは近年の邦楽に度々登場しており、その源泉を辿れば〇七年のDTMソフトウェアによるあの技術革命にあるのでは、と私は踏んでいる。この推測が確かなものか否かは、引き続き本編で探っていきたい。

さて、冒頭でも記したが、本講の目的は自著の新刊の宣伝である。そして本講を読み返し、私はあることに気づく。一文たりとも新刊の宣伝をしてねぇじゃねぇか。

これはいけない。新刊の売上が芳しくない場合、我が心の友、アイ●ルとのお約束も果たせなくなってしまう。しかし残り少ない文字数で新刊をアピールすることは不可能ゆえ、私が編集部に提案して敢えなく没になった新刊の帯文を列挙して筆をおくことにする。

——鬼才、ついにそのベール（パンツ）を脱ぐ。

——マノウォーは演るのではなく殺るのです。

——アンプはマーシャル、時計はロレックス、車はメルセデスなのデス。

クリープハイプ

文豪、ライヴレポートを記す

私はもしかしたら、十年近く前に、尾崎君に会っていたかもしれない。

ゼロ年代後半、彼はクリープハイプで、すでに下北沢のライヴハウスシーンで活躍していたが、殆ど同じ頃、私もまた界隈で音楽活動をしていた。その後に紆余曲折あり、私は小説で、彼は音楽でデビューする。お互いデビューした時期もかなり近い。そして二〇一六年、彼は小説『祐介』を上梓するが、担当編集者が私と同じだった。音楽、小説、担当編集と、いくつかの符号が重なる。

二〇一九年、芥川賞贈呈式の会場にて、私は彼と初めて言葉を交わすことになる。彼は私のデビュー作『指の骨』を大変評価しているという。間近で見る尾崎君は、想像していたよりも華奢で、黒髪は上瞼にかかるほどで、人懐こそうな猫の瞳をしている。その場で彼から、こんな誘いを受けた。

「三月十八日にライヴがあるんで、高橋さんもぜひ観にきて下さい」

いいだろう、とは、私は言わなかった。私は彼の瞳を見て、およそ次のように述べた。

「ほ、本当ですか、こ、光栄であります！　そのさいは、せんえつながらこのタカハシが、こ、渾身のライヴレポートを書きます！」

そう、私は人気バンドのフロントマンを間近にして、びびっていたのだ。そしてその渾身のライヴレポートが、本講である。

二〇一九年、三月十八日、日暮れ、私はＮＨＫホールを訪れた。タクシーから降りると、代々木公園の南に位置するその一帯は、淡い紫色に包まれていた。その紫色の中に、ホール正面玄関の白い明かりがぼんやりと灯っている。会場へ入ると、三階まであるホールの座席は、すでに殆どが埋まっている。私は二階左手の、関係者席へと通された。

席に腰を下ろすと、僅かに鼓動が高鳴っていることに気づく。ライヴが始まる直前の、浮き足立つような緊張を覚える。やがて会場の照明が落とされ、三千人余りの歓声が響く。尾崎君は舞台中央のマイクスタンドの前に立ち、すると彼に向けて一条の白い灯光が落ち、会場は一変して沈黙に浸される。彼はその沈黙の中で、静かにギターを奏で始めた。

彼の歌声は、話し声とは随分と違う。丸味があり、高音域が伸びる、独特な声で、旋律を歌い上げていく。楽曲中盤から、バンドによるアンサンブルとなり、ドラムがタイトなリズムを刻み、ベースが丁寧に低音を響かせ、リードギターが主旋律に彩りを加えていく。先ほど日没後の代々木公園に見たような、淡い紫色を基調とした照明や、中音域が豊かな音響は、このバンドに合っている。その後に展開の速い楽曲が続き、次第に会場は熱気に包まれていった。

略歴を見る限り、彼の音楽活動は、順風満帆ではなかったようだ。この日のMCにおいても、デビュー直前にかなり荒(すさ)んだ時期があったと語っていた。どこかの取材で、怒りが原動力になるとも語っている。しかしライヴを観ていると、伝えることに対する純粋さを感じる。恥ずかしい想いをしてでも何かを伝えたい、途中、彼は舞台上で確かそのようなことを述べた。

そしてライヴが終盤に近づくに連れ、私は音楽の中にいる彼を、ある種の羨望の目で見ていた。会場では三千人余りの観客が、一心に舞台を見つめている。殆ど涙目の女の子もいる。古来より音楽は力を持ち、物語もまた同等の力を持つが、しかし人への作用機序は随分と異なり、彼は私には叶わなかった〈音楽の側〉から、他者に何かを伝えることができるのだ。

さて、終幕後、私は担当編集のS水君と共に、楽屋へと向かった。前述したが、S水君は尾崎君の担当でもある。S水君はファッションへの造詣が深く、この日は『アナーキー・イン・ザ・U.K.』（1976年）をリリースした頃のジョン・ライドンを彷彿させるような服装をしており、出演者より派手じゃねぇか、と私は思った。ちなみに私は例の如く、黒のパーカーに黒のパンツに黒のスニーカーと、カラスの如く全身が漆黒であった。私とS水君が並ぶと、第三者は大変近づきがたいらしい。

舞台を降りた尾崎君は、先日の贈呈式と同じ、気さくな彼に戻っていた。彼はS水君の服装を見て、今までで一番凄い、と苦笑していた。それから私を見て、ぜひ今度ゆっくりお話ししましょう、と述べた。いいだろう、とは、私は言わなかった。私は彼の瞳を見て、およそ次のように述べた。

「ほ、本日は、お、お招き頂き、光栄であります！　こ、今後とも末永く、よろしくお願いいいたします！」

そう、私は人気バンドのフロントマンを間近にして、びびっていたのだ。

この後、NHKホールを出た私とS水君は、タクシーへ乗り、帰路を辿った。窓の向こうを、夜の外苑西通りの、濃紺の風景が流れていく。

ふと思い立って、スマホでクリープハイプのウェブサイトを見ると、アルバムツアー追加公演は、大阪、福岡、仙台、横浜、神戸、と続くようだ。S水君に訊けば、尾崎世界観として、再び小説を書く予定もあるらしい。その折にはぜひ、今度は〈文学の側〉で、彼と話してみたい。

第16講
ART-SCHOOL

参考音源

『SONIC DEAD KIDS』
2000年
123Records

『MEAN STREET』
2001年
123Records

その稀有なるオルタナティヴ・ポップサウンドに迫る

未だコロナの収束が見えぬ今日〔2022年3月執筆〕であるが、読者諸君は如何お過ごしだろうか、令和の世界的無頼派作家、H・G・タカハシがどのように過ごしているかというと、ワクチンを二回接種し、外出時はマスクを着用、手洗いうがいも徹底している。

「先生、ぜんぜん無頼派じゃないじゃないですかw」待て、無頼派作家といえども、病を無遠慮に他人にうつしてしまうような輩(やから)は人間失格である、などと記すうちに、ある意味では病を無遠慮に他人にうつし続けた無頼派の人間失格、玉川上水にダイブしたO君を想起する。

ご存じの方も多いと思うが、私とO君は同郷であり、幼い頃に彼の生家も訪れている。五所川原(ごしょがわら)は金木町(かなぎ)にあるO君の生家は国の重要文化財に指定されており、入館料、大人六百円にて見学できるのだ。

ある夏の盛り、私はO君に心酔している叔母に連れられて「斜陽館」なるその家を訪れた。退屈であった。遊び盛りの少年が、色褪せた直筆原稿やら、愛用の錆びた鋳物やらを見せられてどうしろというのだ。私はむしろ町で上映されている劇場版「ドラゴンボールZ」が観たかった。

その日の帰路、半ば強引に叔母に「人間失格」を買い与えられ、一読して俺はこいつとは友達になれん、と思った。なんだこの女々しい主人公は、しかもとんでもないスケコマシではないか、そもそも作家たる者は、サイヤ人よろしく戦闘的であるべきだ、この時代にマノウォーが不在だったことが悔やまれる、メタルを聴けばこやつのノイローゼなんぞ一発で完治する、こやつに必要なのはカルモチンではなく、重金属の重低音、十六分音符の電気振動、そして筋肉である。

以後、私はO君の作品に些かも触れることなく過ごすわけだが、後年、大学のレポートにて「斜陽」を扱う必要に迫られ、仕方なく本作を読み、O君への評価が少し変化する。

成程、O君はメタルではなく、オルタナティヴなのだ。「斜陽」は、殊に作中作の「夕顔日誌」は、ソニック・ユース、ダイナソーJr.、ザ・キュアーのような、退廃的な美を有していると言えなくもない。同時に、私は山田君から頻りに勧められていた某バンドを想起する。

「下北のガレージでライヴを観たんだけどさ、ツタヤのアルバイトみたいな格好の四人組だったけどさ、楽曲はタカハシ君の好みだから是非とも聴いて欲しい」

こうして私は、アートスクールの『ソニック・デッド・キッズ』収録の「斜陽」に辿り着くのだった。

本作は殆どデモテープの音の粗さで、演奏は不安定で、ボーカルは口笛のようでぜんぜん声が出ておらず、一聴して最高だと感じた。九〇年代にもオルタナに類するバンドは多く存在したが、アートスクールが彼らと一線を画する点はそのメロディーセンスだった。ローファイ・サウンドとは対照的なあまりにポップな旋律――、私は彼らのジャンルを「オルタナポップ」なる造語で勝手に称して心酔した。二〇〇〇年時点では、殆ど手つかずのジャンルだった。

以後、アートスクールはインディーズで良作を量産するが、メジャーデビューアルバムからそのサウンドは一変する。音質は著しく向上し、演奏は安定し、ボーカルは声を張る唄い方に変わる。すると私の中で、かつての魅力が薄れた。インディーズ時代のそっと押したら崩れてしまいそうな、あの淡い斜陽が交錯するような特異なオルタナポップではなく、通俗的なオルタナティヴに感じられた。このあたりでメンバーの脱退や、レーベルとの契約終了があり、活動は散発的になり、私の学生時代の終了とも重なり、結果としてアートスクールと距離を置くことになってしまった。

が、インディーズ時代の『ミーンストリート』は、未だに折を見て拝聴している。本作は全曲キラーチューンで、『ソニック・デッド・キッズ』より音質は向上しているが、その退廃的ローファイ感は全く失われていない。ミドルテンポの楽曲のメロディーセンスは抜群で、M3「ニーナの為に」M5「ミーンストリート」あたりの旋律の流れは、ピクシーズに似た甘く切ない陶酔をもたらす。その当時、私のように瞬間的にがっつり心を掴まれ、未だに聴き返しているリスナーは多いだろう。若き日の叔母がO君の作品から病を貰ったように、アートスクールは私にとっての病であったわけだ。

さて、冒頭でO君の生家を紹介したが、ここで私はある疑問を抱く。同じ文豪として、切田村（きりだ）の私の生家も、いずれはミュージアムとなり一般公開されるのだろうか――、だとしたら名称はすでに決めてある。「マノウォーの館」。パンフレットに掲載する紹介文も考えてある。以下である。

――館内案内。H・G・タカハシ記念館「マノウォーの館」は令和の文豪、タカハシの生家です。祖父の弘（ひろし）によって、たぶん適当に建てられた二階建て一般木造住宅です。国の重要文化財に指定、されることを強く望んでいます。

タカハシはここで世界のメタルを拝聴し、生粋のメタラーとしてすくすくと成長して当然の如く社会不適合者になりました。仏間を利用した資料展示室には、タカハシが愛聴した、「バトル・ヒムズ（邦題、地獄の鎮魂歌）」「イントゥ・グローリー・ライド（邦題、地獄の復讐）」「トライアンフ・オブ・スティール（邦題、勝利の鋼鉄）」、漢メタルTシャツに漢メタルタオル、近現代音楽史概論Bの直筆原稿などが展示されています。

「マノウォーの館」は幼少期のタカハシに出会える貴重な場であり、よって入館料の三千六百円（税込）はぼったくりではないと自負しております。

マノウォーは演るのではなく殺るのです。（館長、H・G・タカハシ）

第17講
BLANKEY JET CITY

参考音源

『C.B.Jim』
1993年
東芝EMI

その何かとっても悪い日本語ロックに迫る

中学校に、速水(はやみ)先輩というとんでもない不良がいた。

教師に暴力を振るった、校舎の窓を金属バットで叩き割った、生意気な後輩を締めあげて病院送りにした、といった悪い噂が絶えなかった。野木スペクターから直々にオファーが来ているなんて話も聞いた。野木スペクターは地元で有名な暴走族で、メンバーは高校を卒業するとエスカレーター式にヤクザになるとも聞いた。

よって速水先輩には誰もおいそれと近寄れなかった、が、厄介なことに、速水家と高橋家はご近所で、不良になる前の小学生の頃の先輩とは、テレビゲームで遊んだ仲でもあった。

そして中学二年の早春――、下校途中、速水家の前で、犬の散歩から帰ってきた先輩と鉢合わせた。先輩は茶髪にリーゼントという、ガチの不良を正確に体現した風貌をしていた。先輩は私に気づくと、

「おう、タカハシ、久しぶりだな、ちょっとそこで待ってろ」

先輩は柴犬の三四郎にも待てを命じた。お手とおかわりをさせ、ドッグフードをかららと皿へあける。三四郎が旨そうに餌を頰ばる最中、私は人間としての待ての姿勢でその場に直立していた。ちびりそうであった。

「ちょっと部屋に来い、おまえにいいものを見せてやる」

ヤクだろうか。いや、さすがに中学生でヤクはないだろう。シンナーだろうか。そうかもしれない。シンナーはよくない。歯がぼろぼろになると、道徳の授業で聞いた。ナニィ、おまえオレの勧めるシンナーが吸えねぇってのか、という展開が脳裏を過る。ちびりそうであった。

私は先輩に連れられて、数年ぶりに彼の部屋に入った。不良になったとはいえ、先輩の部屋にそれほど変化はない。学習デスクがあり、本棚があり、ベッドがある。ただ以前と違い、ベッド脇に巨大なコンポとCDラックが置いてある。どうやら先輩は中学に進学してから、音楽に傾倒したらしい。

そして先輩に渡されたのは、シンナーではなく、一枚のCDだった。犬のぬいぐるみがバイクゴーグルを掛けているジャケット——、なんでもそのCDは、先輩が婆さんから貰ったお年玉をはたいて新星堂で買ってきたという。先輩はさっそくコンポにCDをセットして、再生ボタンを押した。

「おまえに本当のロックを聴かせてやる」

速水先輩の部屋で、彼の言う本当のロックを聴きながら、私は何かとっても悪いことをしている気分に陥った。悪い先輩の家で、悪い音楽を聴いて、私自身も悪い人になった気分——、悪とはなんたる甘美な味がするのだろう——、あぁ、私も何かとっても悪いことがしたい——。

速水先輩はCDを流し終えると、どうだ、カッコいい曲だろう、と得意げに言う。悪いことをしたい気分の私は、先輩に次のように述べた。

「そのCD、僕に貸して下さい」

こうして私はブランキー・ジェット・シティに出会ったのだった。

ブランキーはロックを日本語で唄うバンドである。同時にロックを日本語で唄って決まる、数少ないバンドでもある。

ビートルズやストーンズのサウンドが輸入されて間もない頃に、日本語ロック論争というものがあった。ロックを日本語で唄った場合、ロックではなく歌謡曲になるのではないか――。しかしあの有名な〝メロンソーダとチリドッグ〟〝何かとっても悪い事がしたい〟というフレーズに、我々は少しの矛盾も違和感も覚えない。なぜか。それはサウンドと言葉自体に起因している。あのロカビリー調のサウンドは非常に洋楽的で、あの暴力とガソリンの匂いが漂う詩の世界は非常に洋画的だ。私はブランキーの楽曲を聴いていると「ストレイ・キャッツ」「シーナ&ザ・ロケッツ」「フレイミン・グルーヴィーズ」といったバンドを想起し、同時に「イージー・ライダー」「ゴッドファーザー」「スカーフェイス」といった洋画を想起する。速水先輩から借りたのは、くしくもブランキー最高傑作と名高い『C.B.Jim』だったわけだが、本作を歌謡曲と捉える者はまずいない。洋楽的な音楽を洋画的な言葉で調和させるという方法論を用いて、ブランキーは日本語ロックが成立することを証明したのだ。

さて、速水先輩から借りた『C.B.Jim』であるが、二十年以上が過ぎた今現在も、未だ私の部屋のCDラックに収まっている。

というのも、あの後に三四郎の散歩帰りの先輩に出くわすことはなく、そうこうするうちに先輩は中学を卒業し、その後に本当にやらかして少年院に送致されたのだ。更に数年後、速水家は遠方へ引っ越し、先輩の家のあった場所は今では更地になっている。

結果として、私はガチの不良の先輩のCDを借りパクするという、とんでもない悪いことをしてしまった。もし速水先輩が本講を読んだならば、私のサイン色紙と一緒にCDをお返しするので、どうか勘弁して頂きたい。

第18講

L'Arc～en～Ciel

参考音源

『Tierra』
1994年
Ki/oon Sony Records

その完全で完璧なるバンドに迫る

先日、偶然にも私のサイン本がメルカリで転売されているのを発見し、「おのれ許せん、私が丹精込めて記したサイン本を売るとはなんたる不届き者、私自らこの商品を購入して発送先の氏名を〝高橋弘希〟にしてやる」と憤ったのだが、同時に私は過去の忌まわしい記憶を想起したのでここに書き記す。

時は遡り一九九五年——、純真無垢なるタカハシ少年は夕方の地方番組で偶然にも「Blurry Eyes」（1994年）のPVを観て、度肝を抜かれた。ポップでキャッチーなメロディー、高音部とシャウトが入り混じる聴いたことのないボーカル、二次元から現れたかの妖艶な姿、いったい彼らは何者、そしてラルクとはいったい――。

私はすぐさま本作収録のアルバム『Tierra』を購入して再びたまげる。全楽曲の完成度、演奏技術、メンバーのルックス、どこにもつけ入る隙がない。こうしてタカハシ少年は瞬く間にラルク沼へ堕ちていくのであった、さながら「In the Air」の〝君〟のようにして――。

そして同年夏、私はラルクのメンバーにお会いすることになる。『heavenly』（１９９５年）発売時期、東京の某店舗でＣＤを購入すると、メンバーから直接サインを貰えるというイベントがあったのだ。ＣＤ店前の公園にはファンの長蛇の列ができ、私はその列の只中にいた。

夏蟬がミンミンとけたたましく鳴く中、一時間ほど順番待ちをしただろうか、店舗へ入ると、カウンターの向こうにはＰＶで見たのと同じ、妖艶なＨｙｄｅ氏の姿があった。私は興奮した。サイン色紙を貰うさい、憧れの氏を前に、およそ次のように述べた。

「このサイン色紙は、我が家の家宝と致します。私も将来はバンドを組み、第二のラルクとなって活躍してみせます、ご期待下さい」

「うん、がんばってー」

以後、私はＨｙｄｅの歌唱法を研究し、その唄い方を我が物にすべく多大な時間を費やした、が、その後に私が結成したのは、パンテラとランシドを混ぜたようなハードコア・

バンドであった。

ハードコア・バンドに、Hyde的なボーカルは頂けない。しかも私が唄うと、どうしてもカラオケボックスから聴こえてくる感が否めない。

しかし一度身につけた唄い方は私の中から容易には抜けず、この状態でハードコア・イベントのライヴステージに立ち、一部の観客からは驚愕され、一部の観客からは失笑され、一部の観客からはおめぇハードコアを舐めとんのか、と恫喝されたのだった。そもそもHydeの唄い方は彼が唄うから決まるのであり、凡人が迂闊に真似してはいけない。して、L'Arc~en~Cielの総評をする。

前述した通り、ラルクは私の中で完全で完璧なバンドだった。ボーカル、ギター、ベース、ドラム、その演奏にはどこにもつけ入る隙がなく、楽曲及びルックスにまで隙がない。『Tierra』はバンドサウンドが主体で、さして音数は多くないのに、なぜか華やかで厚みがある。この要因が当時は分からなかったが、今なら理解できる。低音部だ。三度、五度音程や、スライドを多用しながら、ときにリフやメロにも近い低音を奏でる。九〇年代半ばの邦楽ロックに、ここまで動的なベースは殆ど存在しなかった。私と同じように少年期にラルクを聴いて、その動的ベースに痺れた者は多かっただろう。そして私はときに、ゼロ年代に活躍したバンドのサウンドに、ふとラルクのベースの影響を見つけることがある。

また、ラルクはメイン作曲者が三人いるという稀有なバンドだ。サザンやミスチルのように誰か一人、ではなく、三人だ。能力が高い三人が偶然集まったのか、それとも誰か一人、作曲能力が高い人物がいて、その一人に他の二人が影響を受け引き上げられたのか――、インディーズ期のエピソードを読む限りだと、どうも前者の可能性が高く、だとしたらまさに奇跡のバンドだ。ラルクは十二枚ものアルバムを発表しているが、この三人体制の作曲が、安定して優れた楽曲を量産できた要因でもあろう。

『Tierra』も基本はこの三人が作曲を担い、各々がリード楽曲を創作している。また、本作はバンドの黎明期の作品で、以後のアルバムに比べてクラシック的な要素が強い。オーケストラの楽器はサキソフォンくらいだが、楽曲構成と編曲がクラシックの印象を与える。M1のベースのリフで静かに始まってサビに向けて広がっていく構成、M5の四分の四拍子に八分の六拍子が挿入される変則的な構成、M10の八分近くに及ぶ交響曲にも似た構成、そして全体を通して紡がれる物語的な詩の世界――、クラシック的であるがゆえにラルクのアルバムの中でも理解に時間を要する作品で、実際に売上はそこまで振るわなかったらしい。が、私の中で最も味わい深く奥深い作品で、未だに折を見て聴き返すアルバムでもある。

本作以降、ラルクはよりシンプルでキャッチーなサウンドへと変貌していき、結果として空前絶後のブレイクを遂げる。黎明期から知っているバンドが大ブレイクするというのは、嬉しくもあり、寂しくもあるものだ。

して、家宝にすると宣言したラルクのサイン色紙であるが、この色紙はもはや私の手元にはない。ここで冒頭に述べた、忌まわしい記憶へと繋がる。

そう、かれこれ十五年ほど前、無職前科○犯なるタカハシ青年は、アイ●ルと頻繁に取引をしており、当然の如く返済に窮し、あのサイン色紙を泣く泣くヤフオクへと出品したのだ。Hyde氏に家宝にすると宣言したサイン色紙をヤフオクで売るとは、とんでもない不届き者である。

もしかしたら私のサイン本をメルカリで転売している、某カラクリロボットをアイコンにしたこの「越後のコロ助」なる人物も、アイ●ルと取引があるのかもしれぬ。

利息返済の為に、私の熱烈なファンであるにもかかわらず、泣く泣くサイン本の出品へ至ったのかもしれぬ。私はこの人物に同情した。彼もまた、迂闊(うかつ)にリボ払いを選択してしまった憐れな一匹の子羊なのだ。

私はメルカリでの購入を中断し、「越後のコロ助」が私と同じようにアイ●ルから卒業できることを願った。

しかしながら二千円という安価での出品にもかかわらず、このサイン本がいつまでも売れ残っているのはなぜか、という疑問は残る。

第19講
黒夢

参考音源

『1997.10.31 LIVE AT 新宿LOFT』
1998年
EMIミュージック・ジャパン

その行き着くとこまで行ったハードコア・パンクに迫る

前科二犯無所属廃人、黒夢のファンでございます、などというと猛禽類の革命家の彼[1]を想起してしまうが、かく言う私もまた黒夢のファンである。私が黒夢と出会い『迷える百合達』（1994年）を拝聴したのは少年期のことで、なんだか怖そうな兄ちゃん達だなぁ、という印象だった。そのサウンドも暗くおどろおどろしく、明らかに他のバンドとは一線を画している。

このバンドをどう評価すべきか、タカハシ少年は悩んだ。が、「for dear」（1994年）のキャッチーなメロディーに惹かれ、さっそく自宅で本楽曲を唄う練習をした。PVを観ながら、ヴィジュアル系特有の身振り手振りも学ぶ。そう、あの時代はちょうど、カラオケボックスなる遊戯施設が各地に次々と登場し、私もときに友人らと近所のカラオケ「まねきねこ」を訪れていたのだ。

友人らはときに、クラスの女子グループを連れてきた。クラスの女子と「まねきねこ」でカラオケ――、まさに青春の一コマである。私はその青春の一コマで、「for dear」を清春さながらのパフォーマンスで熱唱し、居合わせた女子にはドン引きされたが、色々な意味で気持ち良かった。

人前で歌唱することは私に快をもたらし、女子の冷たい視線は私に悦をもたらし、その二つの情感は鍵となって私の内奥の重厚なる桃色の扉を開放し、扉の向こう側に広がる愉楽の間で汚れなき純真なる志学の少年は官能の味わいを知り――、などとまどろっこしいことは語るまい、つまり私のザッヘル・マゾッホ的変態嗜好はこの時期に形成されたのだ、私の脳裏には我が人生におけるめくるめくマゾッホ体験が過り、それをここに余すことなく記述したい誘惑に駆られるが、本講はマゾッホの告白の場ではないゆえ、黒夢の評へと移る。

黒夢は年代によって、サウンドも演出も別物になるという特異なバンドである。私は勝手に黒夢を四期に分類している。

第一期はインディーズから『Cruel』（1994年）までのヴィジュアル系時代。この頃は実質的に黒夢を結成させた臣がリード曲を作り、彼のキャッチーな楽曲群はブレイクの起爆剤になった。私自身も「for dear」「ICE MY LIFE」といった楽曲がなければ、黒夢に距離を置いていただろう。周知の通り、臣は『feminism』（1995年）のレコーディング途中で失踪して脱退している。一般社会では失踪などまず聞かないが、ミュージシャン界隈ではあるあるだから困る。臣の作曲センスは折り紙付きゆえ、もし彼が脱退していなければ――、と夢想してしまうファンは私だけではあるまい。

第二期が『feminism』から『FAKE STAR』（1996年）までのポップロック期。「Miss MOONLIGHT」「BEAMS」を始めとするキャッチーな楽曲を量産し、確固たる地位を確立した時期でもある。作曲は清春と人時の二人体制となり、基本的には清春がポップな面を、人時がコアな面を担う。結果として二面的な作品が完成し、彼らの歴史の中で最も楽曲バラエティの豊かな時期でもある。

第三期が『Drug Treatment』（1997年）から『CORKSCREW』（1998年）におけるハードコア・パンク期。第二期のポップ性は鳴りを潜め、暴力性が増していく。清春の楽曲もコアへ寄ったことにより、二面性はなくなり、ハード一色へと偏っていく。そして行き着くとこまで行ったのが、『CORKSCREW』とその前後のライヴツアーである。

この頃になると、黒夢は殆どメイクをせずに普段着で舞台に登場して非常に攻撃的なライヴを展開した。私が惹かれてしまうのはやはりこの第三期で、最も痺れたのが界隈では伝説となっている『1997.10.31 LIVE AT 新宿LOFT』だ。

過激である。そもそも日本武道館の追加公演が新宿ＬＯＦＴの時点で、すでに過激である。本公演は、ボーカルもギターもベースもドラムも過激ならば、観客も過激だ。この時期の黒夢のライヴで、清春は酸欠で度々失神しかけたという。余りの観客の熱狂ぶりに、会場の空気が薄くなるという。ジッポーの火の具合で、空気の濃度を測っていたとかなんとか――。確かに本公演を見る限り、誰がどこでぶっ倒れても不思議ではなく、終盤に「カマキリ」「Sick」とヘヴィな楽曲を畳みかけるあたりは身の危険を覚えるほどで、まさに行き着くとこまで行ったハードコア・パンクバンドである。

黒夢とは何か――、黒夢は清春が無茶をする場だったと考える。同時に彼の無茶の遍歴でもある。あの首吊り演出も無茶であり、常軌を逸した本数のツアーも無茶であり、市街地でのゲリラライヴも無茶であり、武道館の追加公演がライヴハウスなんてのも無茶である。彼の無茶が、ヴィジュアル系バンドをハードコア・パンクにまで変貌させ、行き着くとこまで行って結果として崩壊する。あの突然の無期限活動停止発表も、ある意味では、黒夢として、清春として、非常に正しい姿であったとも言える。

と、長々と記したが、実は私は黒夢のライヴに参加したことがない。前述した通り、タカハシ少年にとって当時の黒夢は余りに怖すぎたので、そのライヴたるや「悪の祭典」なるイメージがあり、とても足を運べるものではなかった。しかし令和の今ならば、私自身がある意味では「悪の祭典」でもあるので、黒夢のライヴに参加することも可能だろう。して、再結成後の、私の中で第四期にあたる黒夢の活動を調べてみるも、残念ながら直近でライヴの予定はない。一方で、猛禽類の革命家の彼は、未だ精力的に公演を行なっているようだ。

黒夢のライヴが見られぬのならば、ある意味ではハードコア・パンクである彼の公演に赴くべきであろうか——、しかし影響を受けやすい私のことだ、次回、諸君にお会いしたとき、私が特攻服を身に纏い、敬語でセックス云々と宣っていたならば、そのときは、あ……、と察して、生温かく見守って頂きたい。

註1 鳥肌実。「健太と私」には、坂口安吾の短編小説にも似た耽美的な味わいがある。

第20講
TMN

参考音源

『TMN final live
LAST GROOVE 5.19』
1994年　エピックレコードジャパン

そのラストライヴにまつわる個人的な追憶を記す

私が人生で初めて観たライヴは、ＴＭＮの東京ドームでの終了公演である。当時の私はＴＭＮの熱烈な信者であり、新聞紙上で終了宣言がされてから、頭の中はこのラストライヴのことで一杯だった。

ただし、ライヴへ赴くには難関があった。チケットの入手である。当時の私は中学生ゆえ、受付開始の平日午前十時に、「チケットぴあ」に電話などできない。ネット予約などもない時代だ。

しかし私には仲間がいた。級友であり親友でもある森田君。彼の容貌は、サザエさんの中島君を想像して貰えれば分かりやすい。彼もまたＴＭＮの熱烈な信者で、ある意味では私以上にこのライヴに人生をかけていた。

して、いかにしてチケットを入手するか。我々は計画を立てた。我が第三中学校の職員玄関には、一台の公衆電話がある。忘れ物をしたさい、この公衆電話で自宅へ電話し、お母さんに届けてもらうのだ。

当時は忘れ物をすると、教師からの鉄拳制裁も日常茶飯事だった。よって職員玄関の公衆電話は、生徒から「命の電話」とも呼ばれていた。

チケットぴあへ電話をするには、あの「命の電話」を使うしかない。しかし受付開始時刻の午前十時といえば、授業の真っ只中だ。そこで森田君に、仮病で腹痛になってもらうことにした。幸いにも私は保健係だった。腹痛の森田君を連れて保健室へ向かい、そのまま保健室を通り過ぎ、廊下の先の職員玄関の「命の電話」で、ぴあへ電話してチケット予約をするのだ。

非常に危険な行為である。忘れ物くらいで鉄拳制裁なのだから、授業中にチケット予約をしていたなんてことが露呈すれば、ただでは済まない。

武藤というパンチパーマで切れ長の目をしたヤクザみたいな風貌の生活指導担当の体育教師がいた。武藤の鉄拳制裁で、前歯を折っただの、骨を折っただの、頭蓋が割れて救急搬送されただの、嘘か真か分からぬ身の毛のよだつ校内伝説を耳にしていた。

本件が職員に露呈すれば、間違いなく生活指導担当の武藤の耳にも入る。となれば、我々の命の保証はない。「命の電話」が、「絶命の電話」になってしまう。それでも我々は作戦を決行した。それほどまでに、ライヴに行きたかったのだ。

午前九時五十五分——、計画通り、森田君が腹痛を訴えた。おい、保健係、森田を保健室へ連れてってやれ、社会科教師が言う。私と森田君は、おもむろに教室を出て、階段を降りて保健室へ向かった。

一階の廊下の様子を窺う。静まり返った長い廊下に、人の姿はない。我々は足早に保健室を通り過ぎ、その先の職員玄関へ向かう。リノリウムの床と上履きのゴム底が擦れる音が、妙に大きく耳に響いてくる。

職員玄関で、私が「命の電話」の受話器を取り、森田君が小銭を入れる。その小銭の落ちる甲高い音が辺りに響きわたり、我々は息を飲む。手早く電話番号をプッシュする。その手は震えている。急がねばならない。いつなんどき、廊下の向こうから教師が現れるか分からない。

極限状態の我々に反して、職員玄関の向こうに見える前庭は、平和そのものだった。うららかな午前の陽射しの中で、花壇のパンジーが色とりどりのファンシーな花を咲かせている。そのファンシーなパンジーに、シャワーホースで水を撒いているヤクザがいた。武藤だった。

武藤はふいとこちらを見た。受話器を手にしている私と目が合う。武藤の顔面が、じわりじわりと紅潮していく。武藤はシャワーホースの水を止めると、サンダルの音を響かせて職員玄関へ入ってきた。

「おまえら、授業中にこんなとこで何をしている」

「はい、森田君が腹痛だというので、保健室に向かう途中であります！」

まったく回答になっていなかった。武藤の切れ長の目はいっそう鋭くなり、コメカミには何本もの青筋が浮き出て見える。私は人生で初めて、人間の殺気を感じた。

「どこに電話をしている？」

「はい、チケットぴあであります！」

「なんでチケットぴあに電話している？」

「どうしても行きたいライヴがあるのです、TMNのラストライヴであります！　僕たちはこのライヴに、人生をかけております！　いま電話をしないと、チケットが取れないのであります！」

武藤は短い間こちらを睨んだのちに、軽く舌打ちをし、サンダルの音を響かせて職員玄関から去っていった。私と森田君は、無言で顔を見合わせた。なぜ武藤が我々に制裁を加えなかったのかは、まったくの謎である。

結果として、我々は無事にチケットを予約でき、ラストライヴへ参加できた。当然ながらこの日の東京ドームでの体験は、学校生活では得られない、後年にまで影響を及ぼす学びとなるのだった。

さて、武藤の件であるが、小説ならばここで後日談が記されるべきだろう。例えば次のような後日談が――。

あれから年月が過ぎ、今では私も社会人となった。中小企業の菓子メーカーに勤務し、通勤電車に揺られる毎日だ。中学時代はもう遠い昔のことで、日々の生活の忙しさに当時を思い出すことはない。森田君とも中学校を卒業すると次第に疎遠になり、もう連絡を取り合うこともない。

その日の帰路、私は電車内の自動ドアの脇に立って、翌日の営業訪問用の資料に念入りに目を通していた。ふいと顔を上げると、すぐ近くに見知っている顔があった。武藤先生だった。

先生は白髪交じりのパンチパーマをしており、あの頃と変わらない切れ長の目をしている。第三中学の卒業生の高橋であると告げると、彼は私を思い出してくれた。切れ長の目を細めて懐かしそうに笑う。先生は数年前に定年退職をして、今は妻と年金暮らしをしているという。そして話は当然、あの職員玄関の件に及ぶ。

「先生、なんであのとき見逃してくれたんですか?」

「いや、実は俺はな、中学の頃に永ちゃんに心酔していてな、学校をサボってキャロルの解散ライヴに行ったことがあるんだよ。あの頃は、永ちゃんが俺の人生だったからな。おまえたちにとって、今はＴＭＮが人生なんだろうと思ってな、教師が生徒の人生を奪うのはどうかと思ってな」

確かに武藤先生が、熱狂的な矢沢永吉のファンであることは知っていた。彼の愛車の黒のセダンのリアガラスには〝E.YAZAWA〟のステッカーがでかでかと貼られていた。私もまた、あの第三中学での様々な光景を走馬灯のように想起して、懐かしさに目を細めた。

先生は赤羽駅で、軽い挨拶を告げて電車を降りていった。私はその先の駅で電車を降り、乗り換えの為に構内を歩く。そして武蔵野線の電車に揺られる頃には、もうすっかり第三中学の光景は消えており、翌日の営業訪問についての思案を始めるのだった――。

残念ながら、本講は随筆ゆえに上記のような後日談は用意されていない。私は武藤に再会などしておらず、職員玄関の件は未だ謎のままである。もし本連載が終了するまでに武藤との奇跡的な邂逅があったならば、そのときは本講にて後日談を記そう。

第21講
凛として時雨

参考音源

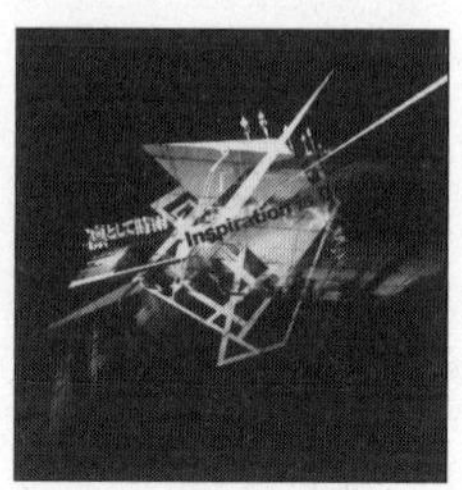

『Inspiration is DEAD』
2007年
中野records

その超攻撃的なスリーピースサウンドに迫る

先日、東北地方の某書店のイベントに招かれ、新幹線に乗るべく久しぶりに大宮駅を訪れた。新幹線の出発までは小一時間あるゆえ、少しばかり夕刻の駅周辺を散策してみる。

実のところ、大宮にはあまりいい思い出がない。大宮は、私が人生で二度目のライヴを行なった地でもある。ライヴハウス、大宮ハーツ。

我がバンドはスリーピースだったが、フロアの客は二人だった。ライヴハウスのスタッフが気を利かせて、一応はフロアに居てくれる。客が二人に、スタッフが二人、居た堪(たま)れない惨状に変わりはない、という黒歴史ライヴを行なった地である。

本講で取り上げるのは、同じく、大宮ハーツや、池袋手刀(チョップ)でライヴをし、その後に絶大な人気を得るスリーピースバンド、凛として時雨である。私はこのバンドを、中野レコーズ時代から知っているゆえに思い入れも深い。まずは紹介も兼ねて、メンバーを一人ずつ論じていく。

TK、ギター・ボーカルと作詞作曲を務め、エンジニアリングやミックスといったレコーディング工程にも深く携わる。ボーカルとしては非常に特徴的な声質をしており、楽曲後半で多用される裏声ともハイトーンとも区別のつかぬシャウトは一度聴けば必ず耳に残る。そして多くのリスナーが、テレキャスにショートディレイをかけたあのリフに衝撃を受けたことだろう。私はあのリフに斬新さと懐かしさを同時に覚え、実は「IN SILENCE」(LUNA SEA 1996年)あたりを源泉にしているのではと勝手に考察している。ちなみにTKは、あの攻撃的なスタイルにもかかわらず、旬のフルーツタルトが好物である。

次にベース・ボーカルの345(みよこ)。ベーシスト版の田渕ひさ子かと思うほどの荒々しいサウンドを奏で、その低音は、ボンボンでもなく、ベンベンでもなく、バリバリと聴こえる。使用アンプはあの鮮やかな彩色のオレンジ。オレンジ社はロンドンで誕生したゆえに〝貴族の音〟とも形容されるが、そのアンプから貴族もびっくりのバリバリとした低音を唸らせる。ヴォーカリストとしては癖のない直線的な唄声で(なぜか私は八〇年代アイドルの歌唱を想起する）、ゆえにTKとのバランスが良い。ちなみに345はあの攻撃的スタイルにもかかわらず、MCだけ聞くと普通の女子だったりする。

最後にピエール中野。オルタナティヴにツインペダルを導入したエポックメーカーである。スリーピースバンドは音が隙間だらけになるのが常だが、彼らのサウンドは三人とは思えない厚みがあり、これはツインペダルで低音が埋められている効果も大きい。また彼は尋常じゃない手数を入れてくるドラマーとしても知られ、かく言う私も初見時は殆ど何をやっているのか理解不能であった。そのリズムは実際のBPMよりも速く聴こえ、その打音は実際の出音より喧しく聴こえ、サブマシンガンで散弾を正確に撃ちまくっているかの印象がある。ちなみにピエールはあの攻撃的なスタイルにもかかわらず、熱狂的なパフュームのファンである。

以上のように、凛として時雨は、いわゆるワンマンバンドではなく、メンバーそれぞれが重要な役割を担う、全体で一つ型のバンドである。この「全体型バンド」には、例えば他に、ルナシーやナンバガが挙げられる。ワンマンバンドと全体型バンドに優劣はないが、バンドサウンドが好きなリスナーにとっては、最も理想的で、最も魅力的な形態と言える。

次は楽曲について。『Inspiration is DEAD』収録の「DISCO FLIGHT」――、凛として時雨の中でも屈指のキラーチューンであり、同時にこのバンドの全要素を堪能できる。TKのリフ、ハイトーンボーカル、345のバリバリとした低音、ピエールのツインペダルによる十六分のバス、フィルの手数——、サビのメロはどこかポップスを思わせるメロディックな仕上がりで、その直後にあのシャウトが響く。この楽曲を聴いて想起するのは、九〇年代のJポップ、九〇年代のヴィジュアル系、ゼロ年代初頭のオルタナティヴである。ギターリフもそうだが、彼らの楽曲に斬新さと懐かしさを同時に覚えた要因はこのあたりにある。

また、凛として時雨は、大衆の支持を得た最後のオルタナティヴ・バンドかもしれない。一〇年代以降、オルタナティヴは明らかに下火となり、DTMを主体にした打ち込み系やシティ・ポップ系のサウンドがシーンの主流になる。果たして再びオルタナティヴの時代は来るのだろうか、昨今のシティ・ポップ系サウンドが八〇年代カルチャーの復興というのならば、約十年後にオルタナティヴの時代が再来するかもしれない、が、話はそう単純でもなさそうで、音楽は技術や産業と密接に関係しているゆえに過去と全く違う道筋を辿る可能性も充分に有りえ、それは例えばAIを基軸にした方角へ進むのでは、という予感と多少の危惧を私は抱いている次第だ。

さて、私は夕景の大宮駅周辺を散策しつつ、懐かしの大宮ハーツを訪れてみた。ライヴハウスらしき建物は見つからない。どうやら大宮ハーツは、あの後に移転したらしい。客二人のライヴ後、何年かは人生の黒歴史だったが、今となっては良い思い出だ。

私は当時を懐かしみつつ、「TK（タカハシ）in the 夕景」の気分で、茜色の夕日を背に大宮駅へと向かった。そして改めて、私はこの街と相性が悪いことを再確認する。職質である。

ちょっといいですかー、お名前はー、ご住所はー、職業はー、手荷物検査いいですかー。私は職質のさい、住所不定無職と答えるようにしている。そして新幹線に乗るさい、金券ショップで切符を買うようにしている。すると結果として、住所不定無職、金券ショップ購入の切符で新幹線に乗り東北地方へ向かおうとしているあるいは逃亡を試みているようにも見える謎の不審人物となる。

私はクライムノベルも記しているゆえに、警察官の心中もお察しである。確度の高い不審人物を取りこぼすのは、地域課警察職員として失格である。こうして例の如く夕方のさいたま市の路上にて、高橋vs大宮警察の押し問答が始まるのであった。

第22講
小室哲哉

参考音源

TM NETWORK
「Get Wild」
1987年　EPIC・ソニー

B'Z
「BAD COMMUNICATION」
1989年　BMGビクター

その時代を先取りしたデジタルサウンドに迫る

私の中で、二十世紀邦楽を代表するミュージシャンが四人いる。いずれ本講にて一人ずつ順に取り上げていこう、などともったいぶらずにここですべて挙げてしまおう。小室哲哉、松本孝弘、桜井和寿、桑田佳祐である。私の中で、桜井と桑田は同じ括りであり、小室と松本は同じ括りである。

TMとビーズが同じジャンル？　デジタルサウンドとハードロックで全然違うじゃねぇか、この論者、前からちょっとおかしいと思っていたがやっぱりあたおかだったか、という多くの読者の声が聞こえてきそうだが、本講を読み終える頃には、なるほど一理有る、と皆が納得することだろう。順を追って論じていく。そして順を追う為には、小学二年生まで遡らなければならない。

私と小室サウンドとの出会いは、学校帰りの夕刻のことである。母が台所で唐揚げなんぞを揚げる最中、小学二年生の私は空腹を抱えてテレビ画面を眺めていた。平日の夕方と言えば、アニメの再放送の時間である。

主人公のヒットマンがコルトパイソン357マグナムで悪を懲らしめるという初見のハードボイルドアニメを、私は唐揚げのできあがりを待ちながらぼんやりと観ていたのだが、エンディングに差しかかったところで感電する。そう、テレビスピーカーから流れだしたサウンドは、二十世紀音楽の最高傑作とも呼ばれる、あの曲であった。

私は空腹も忘れて、テレビ画面に釘付けになっていた。今まで耳にしてきた歌謡曲とは全く異なる別世界のサウンド――、以後、再放送期間が終了するまで、私は毎日のようにテレビの前に陣取って本楽曲を堪能した。この少年期の夕方の体験を忘れることができず、後年になってTMNに嵌(はま)り、東京ドームでのラストライヴへ参戦する為に、森田君と危険な作戦を決行したことは第20講で記した通りである。

このラストライヴにて、二人のゲストミュージシャンが登場する。一人がアクセスの浅倉大介、もう一人がビーズの松本孝弘である。私と森田君はビーズの熱烈なファンでもあったので、一粒で二度美味しい気分で感激したが、なぜ松本氏が登場したのかはよく分からなかった。そう、松本はかつてTMのサポートミュージシャンで、TMの多くのアルバムに参加しており、当時のライヴツアーで「Get Wild」のギターを弾いていたのは彼である。

ビーズの初期のサウンドは、小室サウンドに非常に近い。ポップなメロディーに、シンセサイザーに、サンプリングを多用した四つ打ちサウンド。楽器を演奏する人間ならば分かると思うが、ある曲をカバーすると、奏者はその楽曲のエッセンスを吸収する。TMのライヴでギターを演奏することにより、松本が小室のエッセンスを吸収して自身の楽曲に応用したとしても不思議ではない。ビーズのブレイクの起爆剤となった「BAD COMMUNICATION」は「Get Wild」に関わった背景がなければ誕生しなかったとすら思える。

九〇年代に入ると、ビーズはダンスチューンから洋楽的なハードロックへ移行して小室サウンドとは全く異なる独自性を築いていくが、それでもメロディーやコードに、私はときに小室のエッセンスを垣間見る。小室と松本を同じ括りで捉える理由はこのあたりにあり、邦楽史上最も成功したロックバンドに、デジタルサウンドの旗手の小室が創作的影響を及ぼしていたというのは興味深く、同時にその功績は無視できない。

して、TMNのラストライヴを体験した翌年に、私は中学校を卒業し、小室哲哉からも卒業することになる。私は高校の新しい友人の影響でメタル沼に沈み、九〇年代後半の空前の小室ブームを、どこか斜に眺めていた。そして彼の存在を殆ど忘れた頃に、二〇〇八年の例の事件があったわけである。

小室ブームとあの事件で、彼の音楽自体は正当に批評されてこなかった感があるが、本講を記すにあたり改めて小室哲哉の作品群を拝聴し、その先見性には驚嘆するばかりで、時代を先取りどころか、二十年くらい先の音楽を見据えて創作していた感がある。

「Get Wild」の発表が八七年で、八歳の私は別世界を体験したが、事実あの時代の邦楽にあんなサウンドは存在しなかった。既存のダンスミュージックとは一線を画した、余りにポップで、余りにシンプルで、一度聴いたら自然とメロディーを口ずさんでしまう平易な音楽、印象的な短いフレーズを繰り返すという制作者にとっては全くもって平易ではない音楽。

「Get Wild」の時期に、小室は自身の音楽の型、音楽活動の型を掴む。『humansystem』（1987年）『CAROL』（1988年）といった名盤を立て続けに発表し、その後のプロデュース活動にも通じるアイドルへの楽曲提供を行なう。以降、小室は九〇年代後半に至るまで長期的にヒット曲を量産し続けて作品群を構築した。

一、二曲のヒットで消えたミュージシャンは数多といるが、作品群を構築したミュージシャンは数少ない。冒頭に挙げた四名には、類稀な作品群がある。ミュージシャンに限らず、後世に名を残す芸術家の多くは、〝作品〟ではなく〝作品群〟を構築しているものだ。

余談、でもないが、小室は本講でも取り上げたエックスのYOSHIKIにも少なからず影響を与えており、V2なるユニットで「背徳の瞳」（1992年）を共作している。この楽曲、まさに小室とYOSHIKIの才能の良いとこ取りで、デジタル×エックスといった非常に革新的な仕上がりなのだが、ちょっとした手違いで、ちょっとした問題が起こる。キーボード：小室哲哉、ドラムス：YOSHIKI、ボーカル：小室哲哉なのである。

ボーカルは本来ならばアルフィーの高見沢氏が担当するはずだったのだが、契約上の理由で実現しなかったとかなんとか——、つまりエックスの楽曲を小室が唄うような状態になっており、彼の作曲の才は疑う余地がないが、彼の歌唱力については私には語り得ぬ領域ゆえに、是非とも読者自身の耳で体験して頂きたい。

第23講

神聖かまってちゃん

参考音源

『友だちを殺してまで。』
2010年
SPACE SHOWER MUSIC

その小学生男子のおもちゃ箱に迫る

数年前、深夜に千葉県の某駅前を徘徊していたところ、の子氏が路上で弾き語りをしていたので、私は足を止め、しばし彼の歌声に耳を傾けていた。

ちょうどこの頃、私はS英社の雑誌にミュージシャンと対談するコーナーを持っていたゆえ、彼を誘ってみようかと思ったが、うるせぇ、作家と対談なんかするかバカヤロー！と返答されそうなのでやめておいた。

数週後、再び深夜に某駅前を徘徊していると、やはりの子氏が弾き語りをしており、私は再び対談に誘ってみようかと思ったが、しつけぇぞ、コノヤロー！　とナルトを貼りつけられそうなのでやめておいた。以後、今のところ深夜のにんたまラーメンで彼に遭遇することもなく、月日は流れて現在に至るが、私とかまってちゃんの出会いは、十年前まで遡ることになる。

私が未だ住所不定無職の犯罪者予備軍だった頃、健康食品の売人から、ユーチューブにすごい音楽があるから観てみろ、と勧められて拝聴した楽曲が「ロックンロールは鳴り止まないっ」「夕方のピアノ」(共に2010年)だった。いずれもの子氏が単独で制作したPVで、その楽曲は、ポップとも、ロックとも、オルタナティヴとも、シューゲイザーとも異なり、つまりはかつてない種類の音楽に聴こえた。しいて言うならば、たま、戸川純、少年ナイフ、あたりに近いとも感じたが、同質ではない。

私はの子氏の楽曲を聴き漁り、気づけばかなりコアなリスナーになっていた。その後、かまってちゃんはメジャーレーベルでCDを発表し、テレビ出演も果たしていたように記憶している。この頃になると、私は一応無職ではなくなり、同時に音楽から距離を置いていたゆえ、彼らのメジャーシーンでの活躍については、それほど詳しくない。

本講を記すにあたり公式を覗いてみると、どうもアー写にメンバーが一人足りない。そう、かまってちゃんの唯一の良心である、ちばぎんの姿が見当たらないのだ。更なるリサーチを進めると、なんということだろう、ちばぎんは二〇年をもって脱退したというではないか。

私が当時抱いていた一抹の不安が現実となってしまった、つまりバンドの唯一の良心で、唯一の常識人であるがゆえに、活動を続けるうちに精神を病み、バンドから脱退したのだ――、私はすべてを理解し、こればかりは致し方ないと一人頷いた。が、事実は全く異なっていた。なんと経済的理由で生活の為に脱退したというではないか。これは私にとって、精神を病んで脱退よりもヘヴィである。

九〇年代からゼロ年代までのCDが売れていた頃と違い、中堅バンドは経済的に厳しい状況だという話は聞いていた。昨今では、それなりに知名度があるバンドでも、制作費を確保する為にクラウドファンディングで資金を募っていたりもする。

しかし経済的理由でメンバーが脱退する事態は、ファンは誰も望んでいない。逆に言えば、経済面が解決されればバンドを続けられるわけで、すでに時遅しではあるが、私はあるビジネスを思いつく。〝レンタルちばぎん〟である。

バンドはよく、ドラムとベースが不在でライヴができない状況に陥る。特にベース人口は少ない。私もかつてのバンドで、ギターからベースに転向させられた経験がある（ちなみにちばぎんも、かまってちゃん加入後にベースへ転向している）。ちばぎんはベーシストなので、レンタルちばぎんとして、インディーズバンドのサポートとしてライヴに参加するのはどうだろう。

ちばぎんにライヴでベースを弾いてもらえるとあれば、無名バンドにとっては願ったりで、ちばぎんもまたレンタルちばぎんで収入があれば、本業のかまってちゃんでの活動も続けられ、結果ファンも喜び、一石三鳥でWin Win Winである。

果たしてこのビジネスが成り立つか否かは神のみぞ知るだが、もしこのサービスがあったならば、ちばぎんをレンタルして、ベースに転向させられた者同士、ファミレスで語り合いたいものだ。して、かまってちゃんの総評をする。

「ロックンロールは鳴り止まないっ」「夕方のピアノ」といった楽曲を聴いて、私は小学生時代のぼんやりとしたあの感じを覚える。永遠に続くのではないかと思える時間の中で、友達と遊んだり喧嘩したりを繰り返しつつ少しずつ成長し、幸福であるはずなのにどこかに確実に不安の芽が内包されている、あの感じだ。不安の芽は当然ながら死と地続きで、子供は無垢であるがゆえに無自覚に無警戒にときにそれに触れてしまう。私が彼の音楽に特異な独創性を覚えた要因は、このあたりにある。

の子が自身のおもちゃ箱から色々なおもちゃを取り出して、我々に提示する。おもちゃはときに可愛らしく、ときにグロテスクで、ときにコミカルで、ときに感傷的で、ときに能動的で、ときに自閉的で、ときに希望に満ちている。新譜の「僕の戦争」(2021年)を聴いても、その印象は変わらない。二十歳前後の青春や恋愛や葛藤を唄うアーティストは数多くいるが、少年期の精神世界を生のまま提示してくるアーティストは、邦楽史において、というか音楽史において稀有である。

さて、私はレンタルちばぎんなるビジネスを前述したが、ここで更なる悪魔的ビジネスを思いついてしまう。レンタルちばぎんが成り立つとしたら、レンタルタカハシも成り立つのではないか、仮に成り立つならば、その報酬で私は私腹を肥やせるではないか――、私はメフィストの笑みを浮かべつつも、同時にある懸念を抱く。

ミュージシャンならば楽器演奏でライヴに参加できる、野球選手ならば草野球の試合に出場できる、棋士ならば指導対局を施すこともできよう、が、文豪をレンタルしたところで現地で役立つことは特になく、結果として〝レンタルなんにもしないタカハシ〟になる。

それでもいいからタカハシをレンタルしたいという奇特な読者がいたならば、我が私利利欲と私腹の肥やしの為に、是非ともご一報頂きたい。

第24講
サカナクション

参考音源

『sakanaction』
2013年
ビクターエンタテインメント

そのアップデートされたダンスミュージックに迫る

先日、Eテレを見て賢くなろうとしていると、妙な番組の放送が始まった。タローマンなる太陽の塔を模した巨大ヒーローが怪獣を倒す、七〇年代風の特撮らしい。タローマンの〝芸術は爆発だ！〟の必殺技で、怪獣は七色の閃光を放って大破する。

時代は令和のスタジオへ移り、タローマンマニアがタローマンについて語る場面が挟まれる。そのタローマンマニアを、私は知っている。丸眼鏡を掛けた、細身で素朴な、やや神経質そうな青年、そう、サカナクションの山口一郎、その人であった。私は本放送を見ながら、およそ次のようなことを思った。

この人、けっこう仕事選ばんよな。

タローマンはさておき、サカナクションについて語るとき、私はまず、くるりについて語らなければならない。くるりはアルバム毎に音楽性が変容するバンドだが、私が最も惹かれたのは『THE WORLD IS MINE』（2002年）収録の「ワールズエンド・スーパーノヴァ」（以下、ワールズエンド）である。

「東京」（1998年）や「青い空」（1999年）といった類の楽曲を演奏するギターロックバンドは当時、数多く存在したが、「ワールズエンド」はくるりでしか体験できなかった。本楽曲はダンスミュージックでありながら、当時の感傷的なギターロックのエッセンスを宿しており、私には全く新しい〝エモーショナル・ダンスミュージック〟とでも呼べるようなハイブリッドな音楽に感じられた。

私はこの手のサウンドをもっと聴きたいと願ったが、次作の『アンテナ』（2004年）で、くるりはバンドサウンドへと回帰する。あのエモーショナル・ダンスミュージックは「ワールズエンド」ただ一曲のみで、なんなら当時の音楽シーンにおいても、ただこの一曲のみであった。打ち込みサウンドを取り入れるギターロックバンドは他にも存在したが、その完成度はくるりには遠く及ばず、付随的要素に過ぎないか、下手すれば悪手であった。

こうして〝エモーショナル・ダンスミュージック〟の領域は、長きに亘り空白地帯となる。この空白地帯を埋めるバンドが、ゼロ年代後半に彗星の如く登場する。北海道は札幌市で活動するロックバンド、サカナクションである。

彼らの音楽を拝聴して、「ワールズエンド」を更新してくれそうなバンドの登場に私は歓喜し、その楽曲群を聴き漁った。ゼロ年代後半に、私と同じ感覚を持っていたリスナーは多かったようだ。サカナクションは瞬く間に大衆の支持を得て、巨大なバンドへと成長していく。

最先端のダンスミュージックでありながら、私はときに彼らの音楽に日常性を感じた。同時に、柳田國男あるいは折口信夫の作品にも似た民俗性を感じた。この日常性と民俗性は何に起因しているのか——、山口に柳田のような放浪癖があるとは思えぬが、案外、彼の好む釣りが無意識的に自然との繋がりをもたらしているのかもしれない。

〝釣り〟は〝待つ〟遊戯だ。釣り糸を垂らして、当たりの到来をひたすら待つ。ときに彼の楽曲に、この〝待つ〟という態度を覚える。音楽が釣れるまで、日常で待つ。ダンスミュージックに、本来ならば相反するはずの日常性と民俗性を覚える理由は、この〝待つ〟という態度にあるようだ。

私が最も惹かれたサカナクションの楽曲は、セルフタイトルでもある『sakanaction』収録の「ミュージック」である。本楽曲にも、主に歌詞において、私は山口の〝待つ〟という態度を垣間見る。MVで出会ったがゆえに、映像の印象も強く残っている。この映像は、歌詞の内容というより、創作行為そのものに繋がっている。山口がヘッドフォンをつけ、すると右左にステレオ映像が始まる。マックブックをタイプし始めると、ステレオ映像内に少女が現れる。山口は珈琲を飲んだり、欠伸（あくび）をしたり、スマホを見たりしつつも、タイプを続けて「ミュージック」つまりは音楽に詩をつけていく。そのタイプに合わせて、少女の世界も展開されていく。ソファーで読書をしたり、テーブルやバスタブやドアに寝そべったり、雨に打たれたり、白い紙片に埋もれたり、赤い花弁に埋もれたり――。

序盤から幾度となく登場するあの黒い人々は何を意味するのか――、一見すると負の存在にも感じられるが、結末まで見るとどうもそうではない。このMVは一人の少女が、一人の黒い人間と出会う物語でもある。してみるとあの黒い人間は、どことなく音符を想像させないだろうか、してみるとあの少女は、言葉自体にも思えてこないだろうか――、そして最後に少女はベッドの上で目覚め、いま生まれたかのようにこちらを見上げ、同時に作品は完成する。その過程と行為は、部屋の中でただ一人で完結し、画面は被写体から遠ざかり、手前に〝疲れた川面〟を思わせる水が映り込み、目覚めた少女とは対照的に、山口が眠りに落ちて映像は途切れる。なるほど、ライヴは巨大な会場で行なわれるが、創作の最初の一歩は常に一人であり、孤独で寂しく、ときに得体の知れない疲労を覚え、それでいて心躍る作業でもある。

さて、冒頭で紹介したタローマンだが、その後に私はすっかり本作品のファンとなり、私もタローマンマニアとなるべく「超合金太陽の塔のロボJr.」を通販で購入するに至る。

岡本太郎もかねてより気になる人物で、氏の名言迷言は多いが、やはり一度聞いたら忘れられぬあの言葉、タローマンの必殺技でもある〝芸術は爆発だ〟は強力だ。

芸術が爆発ならば、文学も爆発であり、タカハシも爆発である。よし、これを座右の銘にしよう。しかしながら私はこうも思う。

でも令和に爆発はないよな、コンプライアンス的にもまずそうだもんな、よくよく考えたらタカハシは爆発だとか意味不明だもんな。そんなわけで、私の座右の銘は、ひとまず今まで通り下記にしておく。

——メタル！　聴かずにはいられないッ！

第２５講
宇多田ヒカル

参考音源

『BADモード』
2022年
ERJ

『BADモード』ライナーノーツを記す

私の世代は、宇多田ヒカルの音楽に直撃されている。『First Love』（１９９９年）は彼女が十四、五歳のときに制作されたが、同じ年頃の私と言えば、中学校の廊下でドラゴンボールごっこに夢中だった。

ドラゴンボールごっことは、各々がドラゴンボールの登場人物に成り切って休み時間に廊下で戦うという遊戯で、我々が「太陽拳！」とか「かめはめ波！」とか絶叫していた頃に、彼女は、リズム&ブルースとかいうオシャレなサウンドにのせて「最後のキスは　タバコのflavorがした　ニガくてせつない香り」と唄っていたわけだ。この事例からも、人間の成長には著しい個体差があることが窺える。

ところで諸君は、ライナーノーツなる文章をご存じだろうか。若い読者には馴染がないかもしれぬが、かつて洋楽アルバムの国内盤には、必ずライナーノーツが付いていた。歌詞カードの最初の頁に、アーティストの解説や批評が記されているのだ。

ネットが普及していなかった時代、ライナーノーツは貴重な情報源でもあった。ちなみに当時、私が傾倒していた某バンドのライナーノーツには、およそ次のようなことが記されていた。

「前日に乱闘騒ぎを起こしていたEは、救急車に乗せられて会場入りした。そしてライヴステージに登場するや否や、マイクに齧りつき、聴衆に向かってこう絶叫した。——俺に唾を吐きかけてくれ！ Spit on me, F×ck me!!」

タカハシ少年はこれを読んで、およそ次のように思った。

——俺も将来は救急車で会場入りするような、立派な大人になりたい！

タカハシ少年の夢はさておき、私はライナーノーツの文章が結構好きだった。アーティストに好意的な論者が記すゆえ、その文章は自然と熱を帯びる。私もいつかは好きなアーティストのライナーノーツを記したい、作家になれば私にもライナーノーツの依頼が殺到するだろう——、現実にはそのような依頼は皆無ゆえ、仕方なく本講にて我が願望を実現させる。

『ＢＡＤモード』宇多田ヒカル

去る二〇二二年一月、宇多田ヒカルの八枚目となるスタジオ・アルバム『ＢＡＤモード』が発表された。実に前作から、三年半以上もの月日が過ぎている。この三年半の間に世界は一変した。有史以来、人類は度々、感染症の脅威に晒されてきたが、これほどの大流行と死者数は二十世紀初頭のスペインかぜ以来だ。しかし二十世紀初頭とは違い、現代の我々は高度に発達した科学技術を有している。科学は我々に、小さな世界で完結した生活を保障した。この保障がなければ、ペストやコレラの死者数をも超えていただろう。この人類史上稀に見る厄災の最中に、『ＢＡＤモード』は制作された。核を成す楽曲について、順に取り上げる。

Ｍ１「ＢＡＤモード」その不穏なタイトルに反して、軽快な四つ打ちビートから始まり、八〇年代シティ・ポップを思わせるサウンドが展開されていく。一人称は〝私〟と〝僕〟で、つまりは他者との関係を描いた楽曲だが、その描き方がこれまでの作品とは異なる。レトリックは用いられず、情感は背後へ、つまりは日常スケッチに近い描写。この小品の二人は、家族か恋人かは分からないが、そのスケッチから伝わってくるのは、相手との距離の近さだ。手を伸ばしたら、すぐに頬に触れられそうな距離。他者との距離の近さは、相手を容易に傷つけ、方法を誤らなければ、相手を救うこともできる。そのような関係性が、素描で素朴にスケッチされていき、最後に二人の距離は極限まで近づく。エンドロールの最後まで観たがる君の横顔を見ている僕。その気になれば、手の平で頬に触れられる距離だ。

M6「気分じゃないの（Not In The Mood）」身近な出来事を装飾して創作することを得意とする彼女だが、この楽曲は、最も身近でありながら、最も部外者になっている。十二月のロンドンのある日の一コマと思われるが、コーラス以外において、彼女は〝目〟になっている。目に映る光景をただ記述する行為――、これは風景画の視点に似ている。詩人ではなく画家の〝目〟――、ドーミエやクールべやミレーの風景画を想起する。見たままを記述していながら、キャンバス全体からは不純物が除かれたかのセンチメントが伝わる。――今日は雨の気分じゃない、雨が降るなら違う日にして。コーラスで束の間の詩人になり、ヴァースで再び画家のスケッチが始まる。M1とは異なり、他者は〝人〟ではなく〝瞳に映る光景〟になっており、彼女の作品群の中でもかなり異質な手法で、あるいは新たな楽曲において、この様式は応用発展していくかもしれない。

M10「Somewhere Near Marseilles ―マルセイユ辺り―」アルバムの最後を飾る、実に十二分近くに及ぶ楽曲だが、その詩の射程は非常に短い。ロンドンにいるぼくと、パリにいる君が、夏の計画を立てる小品。ロンドンでもなく、パリでもなく、マルセイユ辺りで落ち合いたい。海が見える一室で過ごしたい。どことなく希望的観測めいた、不確かな夏の予定。この夏の予定は“Let's go fast, then go slow　Not too far, not too close”という距離感で、つまりは遠すぎず近すぎない距離感で、軽快なボンゴにシェイカーといういかにもバカンスを想起させる演奏を背景に語られていく。楽曲中に挟まれる非常に長いインタールードは、バカンスを待つ二人の長い時間にも思えてくる。あるいはこの小品は、二人のやり取りではないのかもしれない。〝ぼく〟の願望めいた一人語りなのかもしれない。果たして〝ぼく〟は長い時間の末に、〝君〟とマルセイユ辺りで落ち合えるのだろうか――、その答えは示されぬままに“I'll get a room with a view”と途切れるように唄われ、その後にトラックは電子音のみとなり、やがて唐突に途絶えて消える。

こうして数曲を取り上げただけでも、本作は総じて半径数メートルの小さな世界を描いていることに我々は気づく。彼女の活動はグローバルでありながら、その作品は常にパーソナルだった。そのパーソナルな物差しが、本作では非常に狭い範囲で簡潔に完全に完結している。音楽をロックダウンしたかのように。冒頭で述べたが、本作は厄災と保障の最中に制作された。近代人の生活圏は異常とも呼べるほどに縮小し、外側の世界は抽象化し、内側の世界は必要以上に具体化し、鮮明化した他者とどう向き合うかを我々は唐突に問われた。本稿で取り上げた、M1、M6、M10は、違う形で、同じことをしている。あるいは違う角度から、同じ光景を描いている。小さな世界で他者とどう向き合い、その小さな世界で〃わたし〃には何ができるか――。そして現在、厄災は過去となりつつあり、我々の縮小した世界は徐々に外側へ拡張している。彼女の作品は、多くの場合、作為ではなく環境が方向性を決めてきた。回復しつつある世界で、彼女が今後、我々にどのようなパーソナルを提示するのか、今から楽しみである。（二〇二二年十二月　自称音楽批評家、高橋弘希）

と、ここまで記してみて、私は思う。あれ、これってけっこういけるんじゃね。そしてある感慨を抱く。救急車で会場入りする立派な大人にはなれなかったが、文芸誌で突如ライナーノーツを書き出す立派な大人にはなれたじゃないか。

味を占めた私は、更なるライナーノーツを記したい。国内外のアーティスト諸君、ライナーノーツをお考えの場合は、是非とも私にご一報頂きたい。メタルバンドならば、一枚百ドルという破格の原稿料で請け負う次第だ。

第26講
Ado

参考音源

『狂言』
2022年
Universal Music

「新時代」
2022年
Universal Music

その新時代性に迫る

本連載も残り数講となり、いよいよ私も新時代に向かい合わねばならぬときがきたようだ。そして本講で取り上げるのは、二〇二〇年に鮮烈なデビューを果たしたＡｄｏである。

歌い手が登場したのは、ゼロ年代中盤だったように記憶している。私は殆どリアルタイムで「歌ってみた動画」を体験しているが、当時はぴんとこなかった。歌唱力の高い歌い手は多くいたが、その楽曲はカバーである。上手なカラオケを聞いている感が否めない。が、〇七年にこの状況が一変する。ボーカロイド「初音ミク」の登場である。初音ミクが唄う楽曲を、生身の人間が唄う動画が数多く投稿され、これはカバーではあるが、合成音声が人間の音声に逆変換されているがゆえに、聴覚上は全く新しいものを聴いたかの錯覚を覚える。ボカロPと歌い手が合流するのに、さして時間は要さなかった。ボカロPが制作したオリジナル曲を、歌い手が唄い、動画配信サイトで多くのヒット曲が生まれ、商業レーベルも彼らの存在を無視できなくなる。そして二〇年のＡｄｏのデビューは、決定的であり、かつ新時代的だった。

時代、時代を魅了してきた歌声というものがある。美空ひばり、山口百恵、松田聖子、椎名林檎、宇多田ヒカル――、思いつくままに列挙してみても、大衆が求める歌声と、時代性は明らかに繋がっている。美空ひばりの節回しの巧みな歌声は戦後的であるし、山口百恵の芯の強い歌声は七〇年代的で、松田聖子の〝キャンディ・ボイス〟と形容されたあの甘くハスキーな歌声は八〇年代的であるし、椎名林檎の退廃的な歌声、宇多田ヒカルのエモーショナルな歌声はいかにも九〇年代的だ。1stアルバムとなる『狂言』を一聴して、Ａｄｏの歌声は多様性に満ちていると感じた。中音域に加えて、ファルセット、シャウト、歌と地声の中間のような発声など、様々な歌唱を使い分けており、ポップシンガーにもロックシンガーにも括れないところがある（ふいに想起するのが、フレディ・マーキュリーで、彼の歌声もまた実に多様だった）。楽曲ごとにではなく、一曲の中で、なんなら数小節の中で、これらの発声を使い分けるゆえに、聴き手は次の旋律と共に、次の歌唱を期待する。

彼女の匿名性とキャラクター性もまた、大衆、特に若い世代に支持される一因になった。少年少女は、誰しも変身願望を持つ。自分も誰それのようになりたい。あるいは自分も何者かになりたい。テレビに出演するポップシンガーや、ライヴステージに立つロックスターは、余りに遠い存在だ。生身の自分が、鏡に映る〝私〟なり〝僕〟が、あんなふうになれるとは思わない。しかしキャラクターの絵が重なれば、誰であっても、そのキャラクターに変身できる。動画を投稿した時点で、歌い手としての目標は一先ずは達成され、変身願望も成就される。試験を受ける必要も、審査される必要もなく、行為だけで実現する。鏡の前の〝私〟だった彼女もまた、行為から出発し、Ａｄｏというキャラクターへの変身を遂げて、『狂言』にまで辿り着いたのだ。

『狂言』は、ボカロＰが制作した楽曲を、Ａｄｏが唄うという形式を取っている。つまりＡｄｏは〝歌手〟であり〝創作者〟ではない。近年、歌手が大衆に受け入れられた例はあまりない。上記に挙げた、椎名林檎と宇多田ヒカルは、優れたソングライターでもあった。となると、形式は美空ひばりや、山口百恵、松田聖子と近い。古典的だ。歌手と創作者が、分担作業を行なう。戦後の邦楽は、この形式で発展を遂げてきたが、弊害もあり、誰が作詞をするか、誰が作曲をするかによって、楽曲の完成度が全く変わってしまう。また、創作者が複数人に及ぶゆえ、作品の統一性が失われる。九〇年代には多数の失敗作を生み、ゼロ年代に入ると、歌手という存在は殆ど姿を消した。『狂言』は、個々の楽曲を、異なる創作者が制作しているにもかかわらず、質が一定でかつ統一性が保持されており、これは刮目すべき点だ。創作者たる彼らは一つの価値観を共有しており、その根底にあるのは、初音ミク的でキャラクター的で仮想的な、つまりはメタ的世界観であろう。

当然ながら、歌手に対するあの根本的な否定は残る。そこで唄われる言葉は、歌手の本質的な言葉ではなく、キャラクターの発する言葉であり、その背後には必ず忌むべき創造者が存在する。これは芝居の構造にも、巫女の構造にも似ている（偶然にも表題は『狂言』で、Ａｄｏは挨答（アド）である）。歌手は偶像であり傀儡（かいらい）に過ぎないという批判は常だが、元来、歌手は自身の言葉ではなく、人の言葉を伝える媒介者であり、古来の舞台芸能が神事であったこととなんら変わりはない。総じて本質的な言葉は大衆に伝わりにくく、扇動するには優れた媒介者を必要とした。その点で、彼女は類稀なる挨答であった。

『狂言』はメジャーレーベルからリリースされたが、本作に商業作品とは異なる熱量と、ある種の親しみを覚えるリスナーは多いだろう。近年はソフトウェアによって〝ワンルーム・ミュージック〟が可能となり、レーベルを通さずに有名になるアーティストは多く、これは世界的な流れでもある（ビリー・アイリッシュの「Ocean Eyes」（２０１６年）が、兄妹で制作されたことは記憶に新しい）。個人的な作品は、ときに商業流通では考えられない種の熱量を帯びる。制約がない状態で自身が望むように創作できるのだから、当然といえば当然だ。同時に個人制作による手作り感は、親近感を生み、聴き手の心を掴みやすい。前述の通り、Adoは動画投稿という、個人的な行為から出発している。『狂言』に携わったボカロPや絵師も同じだ。この個人的な行為の延長線上に制作された本作に、自主制作的な熱量と、手製の親しみが宿ることは必然だろう。今後も個人的な作品はシーンに数多く登場し、ときに大衆の心を摑むかもしれない。審査されない音楽が際限なく流布されていくことに弊害もあろうが、同時に優れた音楽が発表されずに埋没するという最たる不幸は回避された。そして歌い手という古典的でもあり現代的でもある挨答たるAdoが、現代の音楽シーンでどのような活躍を見せていくのか、一リスナーとして期待したい。

さて、実は私も自主制作には常々興味を持っており、いよいよ行為に移すときがきたかもしれない。小説に商業ベースではないルートなどあるのだろうか——、ある。「なろう系小説」である。小説家が「小説家になろう」に投稿する、これはこれで新時代的ではないか。

が、どうも「なろう系小説」は、異世界転生ものを書かないと人気が出ないらしい。転生したら○○だった。この○○に何を当て嵌めるべきか、まさに文豪としての資質が問われる。

そこで私が考えたのが『転生したら市ヶ谷駐屯地へ突撃する直前の三島由紀夫だった』。そんなわけで、数ヶ月後に変身及び変態を遂げた私が新時代なろう系作家として爆誕していたならば、そのさいは生温かく見守って頂きたい。

第27講
特別講

参考音源

『すいか　SOUTHERN ALL STARS
SPECIAL 61 SONGS』
サザンオールスターズ　1989年　タイシタレーベル

平田村奇譚

その夏の終わり、我々はある計画を実行しようとしていた。

計画に参加した面子は、私、森田君、中村君の三人。森田君は、縁無し眼鏡をかけた勤勉な少年で、しかし見かけによらずロックを好んで聴いていた。中村君は、鉄工所を営む親父さんの次男坊で、いかにもやんちゃそうな切れ長の目をしているが、しかし見かけによらずWinkの熱烈なファンだった。私はというと、勤勉でもやんちゃでもなく、音楽は流行りのポップソングを聴く程度の、なんとも平均的な少年だった。中学三年の夏のことで、皆が十四歳だった。

我々はある噂を耳にしていた。隣町の商店街に、梓レコードという個人経営の小さな店がある。この店には、未だ初回限定盤CDが数多く残されているというのだ。

当時の初回限定盤の多くは、紙ジャケットに収められ、分厚いブックレットが付属しており、ときにファンなら垂涎の豪華付録が封入されている。概ね発売から数ヶ月で店頭からなくなるが、個人経営のレコード店だと、密かに陳列棚に残されていることもある。実際、ビーズの初回限定盤を、発売から一年後に入手したという友人もいた。

サザンオールスターズに『すいか』という、ファンの間では有名なプレミアボックスがある。定価一万円なのだが、出荷数が非常に少ない入手困難品で、転売すれば六万になるとも言われていた。この『すいか』までもが、梓レコードでは未だ定価で売られているという。中学生にとって、一万は高額だが、三人で割り勘すれば、買えない額でもない。転売すれば分け前は一人二万。中学生にとって、二万は大金だ。

ただし隣町の商店街までは、自転車で一時間以上かかる。そして店舗の正確な場所は誰も知らず、そもそも本当に梓レコードが実在するかどうかも怪しいところがあった。それでも我々は計画を実行した。何せ皆が十四歳だったのだ。十四歳の少年が、この宝探しのような冒険に惹かれないはずがない。

八月の終わりの正午過ぎ、我々は中村鉄工に集合し、自転車で隣町へと向かった。山間の河沿いの道路を、軽快に走る。マウンテンバイクに、トンボハンドルに、カマハンドルの三台の自転車――、いかにも夏らしい晴天の午後で、勢いよくペダルを漕ぐと、眩い陽射しと木立の影が目の前を瞬いていく。やや前方を走っている中村君が、振り返って言う。

「二万あったら、おまえら何に使う？」

「俺は小説でも買おうかな」

「僕は貯金箱に入れておくよ」

「小説？　貯金？　なんだそれ、つまんねぇ人生だな」

「じゃあ君は何に使うんだよ」

「俺はナイキのスニーカーを買うよ」

「ランニングでもするの？　健康的な人生じゃん」

「バカだな、ナイキのスニーカーと言えば、転売に決まってるだろ。二万を元手に二百万にしてやるぜ」

そんな他愛のないやり取りをしつつ自転車を走らせ、河を越えたのちに暫く農道を進むと、前方に軒を連ねた商店が見え始めた。隣町の商店街だ。その商店街の外れに、トタン看板を掲げた古びた店舗がある。――梓レコード。噂の店は実在したのだ。我々は店舗前に自転車を停め、意気揚々と店内へ入った。

が、店内の商品はレコード・プレイヤーやスピーカーといった音響機器ばかりで、ＣＤはどこにもない。店舗の奥の棚に、僅かばかりレコードが並んでいるだけだ。当然ながらだ。

『すいか』など見当たらない。どうやらあの噂は、尾ひれはひれがついた虚構だったようだ。

我々は戸外へ出ると、自動販売機でポカリスエットを買い、車止めブロックに座り込んだ。皆が喉を鳴らして、一気にポカリスエットを飲み干す。

「結局は、宝のない宝探しだったわけかよ」

「とんだ無駄足だったわけだね」

「何年かすれば、きっと夏の良い思い出になるさ」

「思い出じゃ腹は膨れないぜ」

中村君が悪態をつき、私と森田君は苦笑する。我々は再び自転車に乗り、心地よい疲労を覚えつつ帰路を辿る。中学最後の夏が終わる。夏が終われば受験まで数ヶ月、そろそろ志望校も決めなければならない、私はペダルを漕ぎながら、急に現実的なことを考え始めていた。

半時ほど自転車を走らせたころだろうか――、森田君が自転車を停めて、辺りを見回す。

「行きで、こんな道を通ったっけ?」

私と中村君は顔を見合わせる。確かに行きとは風景が違う気がする。農道沿いに民家は殆どなく、ときに納屋やら農具小屋やらが建ち、廃墟と化した掘立小屋には〝三洋ミシン〟だの〝東邦薬品〟だの〝アース渦巻〟だの記された錆びたホーロー看板が無作為に貼りつけてある。しかし初めて訪れる土地で、行きとは反対方向へ進んでいるのだから風景も変わるだろうと、かまわずに自転車を進め、午後三時を過ぎた頃に完全に迷子だと気づいた。

田舎道というのは、どこも似たような景色が広がり、目印になるような建物や商店もないゆえ、一度方角を見失うと現在地が分からなくなる。この点で田舎道は、深い森や、広大な海にも似ていた。

と、中村君が、何やら畔(あぜ)の木製電柱を見上げている。木製電柱の中程には、錆びたプレートが杭で打ってある。

――平田村×××。

全く聞いたことのない地名だった。実際、もし商店街から逆方向に延々と自転車を走らせていたならば、隣町どころか、市外へ出ている可能性もある。森田君はその地名を見て、急に表情を曇らせた。

「平田村って、あの平田村かな?」

「あの?」

「いや、死んだ爺ちゃんから聞いた話なんだけどさ」

そう言って、森田君は死んだ爺さんの話を始めた。

爺さんは少年の頃、平田村に隣接するS村に住んでいた。ある晩、平田村に六、七人の行商が訪れた。一夜の宿を貸して欲しいという。その行商らは、妙な日本語を話していた。村人の言葉とは抑揚が違い、どこか異国語のようにも聞こえる。村人たちは不審に思いつつも、一夜の宿を貸した。翌日、行商らが家を出たのちに、鶏小屋が何者かによって荒らされているのを、村人が発見した。鶏小屋が荒らされるだなんて、平素有り得ないことだ。

村の出口で、村の自警団が行商らを取り囲んだ。行商らは、我々は知らない、野生動物に荒らされたのではないか、と訴えた。やがて双方は言い争いになり、興奮した自警団の一人が、棍棒で行商の一人の頭を打った。頭を打たれた行商は血を流して卒倒した。その後、暴力はエスカレートし、自警団は暴徒と化し、棍棒やら小刀やら鉈（なた）やらで行商を皆殺しにして、穴を掘ってまとめて埋めてしまった。閉鎖的な村よろしく、このことは一切他言せぬよう、村人同士は口裏合わせをした。それら一部始終を、腹痛で学校から早退した爺さんは、畔の茂みに隠れて見ていたという。

森田君の話を聞き、私と中村君は無言で顔を見合わせた。

「まぁ、爺さんの作り話に決まってら。うちの爺さんも、うちの先祖は源義経だとか、滅茶苦茶なこと言ってたしな」

中村君が笑って言う。

私も作り話だと思いはしたが、しかし爺さんが小学生の頃というと、おそらく昭和初期で、その時代ならば有りえなくもない話に思えた。

更に自転車を走らせると、三叉路に差しかかった。三叉路には、我々の背丈ほどの石碑が建っている。碑文は擦り減っており読めない。再び顔を見合わせ、左の道を選んで自転車を走らせる。

と、背後で鈍い音がした。振り返ると、森田君がみるみるうちに後方へ遠ざかっていく。ペダルを漕いでいるが、全く前方へ進めていない。どうやらチェーンが外れたらしい。中村君が棒切れを使ってチェーンを嵌めようとするも、上手くいかない。自転車屋で修理しないと直りそうもない。仕方なく、そこからは自転車を押して歩いた。

道路の左右には、鮮やかな緑の水田が広がっている。畔の茂みの中から、突如、牛蛙が飛び出してきて、我々は自転車を停める。牛蛙はアスファルトを泥で汚しながら、わざとかと思えるほどにゆっくりと道路を横断していく。我々の足取りは、なぜかいっそう重くなる。

と、一台のトラクターがゆっくりと前方から走ってきて、我々の前に停まった。麦藁帽子を目深にかぶった初老の農夫が、こちらを見下ろして、

「おまえさんがた、こったらとこでなにしてら」

森田君が事情を説明する。商店街のレコード店の帰りに迷子になった。自転車のチェーンが外れてしまった。すると農夫は、自宅に地図があるから、それで帰り道を確かめていけという。願ってもない申し出だった。我々は農夫のトラクターの後ろについて歩いた。

＊

　農夫は随分と広い土地を有していた。敷地内には、二階建ての母屋の他に、平屋や納屋や小屋が建っている。我々は平屋へと案内された。程なくして、農夫が麦茶とカステラを持ってくる。麦茶は旨かったが、疲労の為か、カステラはいまいち喉を通らない。

「おまえさんら、どこからきたんだい」

「T市からきました」

　と、農夫の顔は途端に陰りを帯びた。

「そう、T市から。そうかい、T市――、随分と遠いところからきたんだねぇ」

　農夫は母屋で地図を探してくると言い残し、戸外へ出ていった。我々は顔を見合わせた。カステラは、もうそれ以上は喉を通らない。

　改めて室内を見渡してみると、妙な家だった。部屋の隅に薪ストーヴと薬缶があるだけで、まるで生活感がない。と、室内をうろうろしていた中村君が、部屋の出入口で手招きする。土間の横に木戸があり、もう一つの部屋がある。

　木戸を開けた中村君は、何かに気づいて小さな悲鳴をあげた。私と森田君は、中村君の肩越しにその部屋を見た。薄暗い六帖ほどの畳部屋には、中央に褪せた莫蓙が敷いてあり、その莫蓙の上には、棍棒やら小刀やら鉈やらが置いてある。そして部屋の奥の棚では、六つか七つの頭蓋骨が窓からの西日に晒されていた。

と、背後で物音がして振り返ると、玄関戸口に地図を片手にした農夫が立っていた。

「そったら部屋、見たらあかんべ」

中村君が、狼狽しながら答える。

「あの、俺たちはもう大丈夫です。なんとなく道は分かったんで、もう帰ります」

「あかんべ。地図で帰り道、確かめてけ」

「はい……」

「道具ば探してくっから、わんつか待ってら」

「道具？」

「鎖、外れてんだべ」

農夫は地図をこちらへ渡すと、納屋へと歩いていった。我々は農夫が納屋の奥の影の中へ消えたのを確認すると、地図を放り出して戸外に停めた自転車へ駆けた。

自転車に跨（またが）り、慌ててペダルを漕ぐ。後方で、森田君が助けを求めている。チェーンは外れたままだ。自転車を押して、どうにかこちらへと駆けてくる。

民家の敷地を抜け、石碑の三叉路を通り過ぎ、やみくもに農道を進んだ。太陽は西の山の稜線へと傾き、辺りから日の光が消えていく。周囲はみるみるうちに、濃紺の闇に侵食されていった。

村人に助けを求めるわけにはいかない。村人に捕まれば、我々も行商団と同じように、棍棒で叩き殺されるかもしれない。しかし我々は完全に方向感覚を失い、もはやどこをどう進んでいるのか分からない。森田君に合わせて、私と中村君も自転車を押して歩く。

「もう僕のことは置いていっていいよ、僕はいっつもみんなの足を引っ張るんだ、運動会のリレーでも僕のせいで三位になっただろう、みんな僕を責めなかったけど、みんな心の中で役立たずって思ってたはずだよ」

などと森田君は半泣きで自嘲的に洩らし、私と中村君は苦笑するしかなかった。

街灯もないゆえに、農道は完全に闇に浸されていた。幸いにも月夜の晩で、遥か遠くの巨大な黒い山の上には半月が浮いていた。しかし村は盆地になっているせいか、月明かりも星明かりも農道にまでは届かない。昼間は鮮やかだった緑色の水田は、盆地の底で暗闇よりも暗い色に沈んでいる。

それでも我々は帰路を辿っていると信じて、長いこと暗闇の中を歩き続けた。そしてふと私が見つけた木製電柱の地名プレートには、こう記されていた。

——平田村××××。

随分と歩いたはずなのに、未だ村を抜けていない。更に先に進むと、三叉路に差しかかった。三叉路には、あの石碑が建っている。我々は暗闇の中で、同じところをぐるぐる回っていたのだ。

と、森田君が石碑の向こうを指さして、不安げな声をあげた。あの農夫の民家があった方角に、いくつもの赤い光が揺らめいている。松明(たいまつ)の灯火だ。灯火は何かを探すように、暗闇の中をゆっくりと移動していた。山狩りではあるまいが、まさか平屋から逃げた我々を追っているのだろうか。我々は自転車を転回させて、一目散に反対方向へと逃げた。

それから再び半時は歩いただろうか——、森田君はとうとう泣きべそをかき始めた。森田君の啜り泣きを聞くうちに、私も歩く気力を失い、自転車を停めてその場へとへたり込んだ。仲間の一人の弱気は、他の仲間へ伝播するものだ。すると少し前を進んでいた中村君が、こちらへ振り返り、

「バカ！　泣いてもへたり込んでも、村から出ることはできないぞ！　歩くことをやめたら、家に帰ることはできないぞ！」

中村君に叱咤されて、森田君は手の平で涙を拭い、私は地面に手をついて立ち上がった。素行不良でしょっちゅう生活指導の教師に殴られている中村君だが、どうも彼には殴られても屈しない強さがあるらしい。

と、未だ頬に涙の線の残る森田君は、何かに気づいたようにふいと夜空を見上げた。自転車を停めて三歩進み、道路の真ん中で、夜空の一点を見つめ、両腕を水平に持ち上げた。そしてこちらへ振り返り、

「北極星に向かって立つと、右手が東、左手が西、背中側が南。とすると、T市の方角は?」

我々は北極星を頼りに、左手の方角へと進んだ。正確な帰路ではないが、およその方角は合っているはずだ。と、前方にぼんやりとした明かりが見えた。あの松明の灯火かと思い一瞬足を止めたが、近づくにつれて、それがバス停横に設置された公衆電話ボックスの明かりだと分かった。中村君が電話へ小銭を突っ込み、自宅へと電話をかけ、バス停の標識の地名を告げる。

やがて暗闇の農道の向こうから、眩いヘッドライトが近づいてきた。〝中村鉄工〟の文字が記された、軽トラックだ。軽トラックの荷台に自転車を積み、我々は平田村から無事に脱出できたのだ。

軽トラックの荷台で、中村君の親父さんの話を聞くうちに、平田村での謎が解けた。なんでも平田村は、T市に合併吸収されることが決まっているらしい。一部の村人は合併に反対したが、多額の負債を抱えた村で、いわゆる限界集落に近い状態だ。

「その農夫は反対派で、T市の名前を出したもんだから不機嫌になったんじゃないか?」

では平屋の木戸の先に見た、あの物騒な道具や、頭蓋骨はなんだったのか。なんでも平田村には猟友会があり、ときに村人は自宅で野生動物の解体まで行なうという。仕留めた動物の頭骨を、部屋に飾る猟師は珍しくない。松明の灯火は、村で年に一度行なわれる、豊作祈願の火祭りだろうとのことだ。やはりあの昔話は、森田君の爺さんが作った物語だったようだ。

中村鉄工所へ着いたのちに、我々は中村家の縁側に座り、中村君の母親が作ってくれたおにぎりを食べた。カステラは喉を通らなかったが、我々はおにぎりを三個も四個もぺろりと平らげた。それから親父さんが、冷えたスイカと、花火セットを持ってきてくれた。

我々は鉄工所の倉庫前の敷地で、スイカを食べつつ、手持ち花火をした。中村君が『すいか』は買えなかったけど、スイカは食えたから良しとするか、などと洩らしつつ、口から勢いよく種を飛ばす。ナイキのスニーカーは、卒業後にバイトして買うことにするぜ。

森田君は、最後の一本の線香花火に火を灯す。こよりから数センチ離れた夜闇の中で、火花が不規則に散り、火球がぽとりと地面へ落ち、我々の十四歳の夏は終わっていった。


中学では親しかった森田君と中村君だが、高校に進学すると疎遠になり、次第に連絡すら殆ど取らなくなった。

森田君は有名私大の経済学部に合格したので、今は銀行員でもやっているかもしれない。彼は今もロックが好きだろうか——、だとしたら高校でハードロックに目覚めた私と、音楽談義が弾むだろう。

中村君は中学卒業後、余りいい話は聞かなかった。ガラの悪い連中とつるみ始めて、警察の世話になり少年鑑別所送りになったなんて噂も聞いた。今は何をしているのか全く分からないが、彼のことだから、案外、中村鉄工所を継いでいるかもしれない。

少年の頃の記憶は、年月が過ぎると断片的にしか残らないものだ。断片にならなかった記憶は、存在しなかったように、暗闇の底に沈んでしまう。

あの夏の終わりの一日も、私の中の断片の一つで、河沿いの山道の夏の陽射しや、アスファルトを這う泥に汚れた牛蛙や、軽トラックの荷台に揺られながら眺めた夜の田圃道は、未だ色つきで鮮明に思い出せる。してみるとあの宝のない宝探しも、あながち無駄足とは言えないかもしれない。

＊

さて、上記の随筆は、若干の脚色はあるものの、事実を殆どそのまま記している。が、脚色していない部分で、現実との矛盾もある。今より七年前、私は帰省したさいに、原付バイクで平田村を訪れてみた。自転車で何時間も迷った村だが、原付バイクで走ってみると東西に十キロほどの小さな村だった。そして今は平田村ではなく、T市平田だ。

やがて原付バイクは、見覚えのある道へと差しかかった。石碑の建つ三叉路だ。が、石碑はなくなっていた。下草の生い茂る草地になっている。あのときと同じように、左の道を選んで進む。少しいけば、農夫の民家があるはずだ。民家のあった場所もまた、草地になっていた。平田村が合併で消滅し、あの農夫は村を出たのだろうか——。

と、農道の向こうから、一台のトラクターが走ってきた。トラクターを運転する彼に訊いてみる。

「以前はここに、平屋やら納屋やらが建つ、民家がありましたよね。たぶん猟師の家かと思いますが」

するとと農夫は首を傾げたのちに、

「なに言ってら。そこに家なんてないよ。ほら、よく見ると、そのへんはなだらかな丘になってるだろ。そこは昔からある、塚だよ」

私が道を間違えたのか、当時の記憶を思い違いしているのか、それとも——。

最終講

はっぴいえんど

参考音源

『はっぴいえんど』
1970年
URC

『甦るオッペケペー』
川上音二郎一座　1997年
EMIミュージック・ジャパン　東芝EMI

邦楽ロックの始祖鳥に迫る、及び総括

さて、長きに亘る本講も、ついに最終講を迎える。思い起こせばこの二年余り、紆余曲折あり、本講も途中で危うく破綻しそうになり、というか著者たる私の人生も破綻しかけたが、無事に最終講を迎えられて感慨もひとしおである。そして最終講は、最後を飾るに相応しきバンド〝はっぴいえんど〟である。

世代が違うゆえに私はこのバンドを殆ど知らずにいたが、当時、私が行きつけにしていたCD店の店長、メタル好きの長髪顎鬚の通称メタル仙人に、日本のロックは〝はっぴいえんど〟から始まったと教えられて『風街ろまん』（1971年）を拝聴するも、これはロックじゃなくてフォークやないか、という感想しか持たなかった。が、後年になって『はっぴいえんど』を聴き、成程、メタル仙人の言うことも一理ある、と思い直す。しかしそれを書き記すには、六〇年代まで遡らねばならない。

六〇年代という時代を、私は知らない。私は未だ世界に存在していなかったのだから、当然といえば当然だ。が、この時代は、ウッドストックにビートルズ来日と、ロック黎明期であり同時に最盛期でもある。ストーンズ、ツェッペリン、クリームといったバンドのレコードも早々に日本へ輸入され、彼らのサウンドに落雷を受けた若者は多かっただろう。人類史上初めてあの六弦電気楽器によるロックサウンドを体験した世代ゆえに、その衝撃は計り知れない。結果、多くの若者がフォークギターをエレキへ持ち替え、洋楽ロックサウンドを奏でるバンドも登場する。が、ここである問題が起こる。ビートルズ、ストーンズ、ツェッペリンのサウンドに、日本語を当て嵌めることは可能か否か。

六〇年代後半、日本にもロックバンドは多数存在し、ロック系のフェスも頻繁に開催されていたが、殆どのバンドが、洋楽のカバー、もしくは英詩のオリジナル曲を演奏し、日本語のロックバンドは極少数で、かつ人気も今一つだった。英米のロックに近づかねばというときに、日本語は構造的に余りに不向きだ。が、洋楽カバーではレコードのヒットは望めぬし、英詩のオリジナル曲も同様だ。そもそもロック自体が未だ異端であり、学生運動とも相まって非常に過激なジャンルになっていた。現在でいうロックフェスがべ平連に乗っ取られて、途中から討論会になるなんてこともザラだった。この異端であり、過激であり、更に言語の問題を抱えたロックを流通させるには、大衆化が不可欠だった。そこに登場したのが〝はっぴいえんど〟であった。

彼らのロックを体験する場合『風街ろまん』ではなく、『はっぴいえんど』を聴かなくてはならない。通称〝ゆでめん〟と呼ばれた本作は、確かに日本語のロックアルバムである。そして七〇年という時代を考えると、確かに邦楽史上初の日本語ロックバンドと言えるのです。M1「お正月といえば　こたつを囲んで　お雑煮を食べながら　カルタをしていたものです」といういかにもフォーク的な詩の背後には、あの六弦電気楽器と、リヴァプール・ロックのリズムパターンが轟いている。前時代的なロカビリーやGSとは明らかに異なり、そのサウンドにはある種の攻撃性が内包されている。

そしてプログレッシヴへ傾かず、洗練された小綺麗な音色、キング・クリムゾンではなく、ビートルズに仕上げたことにより、未だ異端であったロックを大衆化した。この洗練は『風街ろまん』でより顕著になり、結果としてロックからは遠ざかるも更なる支持を得る(余談だが、もし頭脳警察があと二年早く『頭脳警察1』(1972年)を発表し、かつ発禁になっていなければ、彼らが日本語ロックの最初のバンドとして語り継がれたかもしれない。それはそれで色々と問題だが——)。〝はっぴいえんど〟の二作には、歌詞において未だフォークの残照がうかがえるが、キャロルの『ルイジアンナ』『ファンキー・モンキー・ベイビー』（共に1973年）になると歌詞からフォーク的な情緒は薄れ、主義主張や政治色は消え、より無意味に、無意義に、かつ野蛮なものへ変容する。安保闘争、浅間山荘を経て若者の政治の季節は終焉し、時を同じくして、ロックという無思想な音楽が産声を上げる。

『風街ろまん』を商業的な下地として、七〇年代半ばにはサディスティック・ミカ・バンド、ダウン・タウン・ブギウギ・バンドと大衆の支持を得た日本語ロックが多く登場し、そして七八年に、以後の邦楽の方向性を決定づけるポップソングの金字塔「勝手にシンドバッド」が発表される。前時代的な作品を破壊する前衛的な作品が賛否両論となることは常だが、本作もまた若者に支持されるに連れて数多くの批判に晒される。それも当然で、本楽曲は従来の日本の歌詞の暗黙の了解を無視した俗物的な内容で、〝はっぴいえんど〟のフォーク的な情緒は完全に死に絶えており、かつキャロルより無思想で下品でエロティックであった。当時の作詩家協会の会長が苦言を呈しNHKに働きかけたという逸話もあるが、これも無理はない。が、作品が発表されるに連れて、どうも彼らがただの色物ではないことにお偉方も気づき始める。サザンオールスターズはロックでありフォークでありジャズであり歌謡曲であり、つまりはサザン以前のすべての音楽を内包しており、そのすべての音楽を桑田佳祐という天才的ソングライターが更新してしまう。以前、彼を二十世紀ミュージシャンの最重要人物に挙げた理由はこのあたりにある。

そして八〇年代初頭、邦楽ロックにエイト・ビートが誕生する。エイト・ビート自体は七〇年代のアイドル歌謡全盛期にも多用されたが、そのリズムはとてもロックとは言えない。元はジャズドラムのシャッフルパターンの二拍目と四拍目を強調したリズムだと言われるが、ロックにおけるエイト・ビートには、低音の直線的な八分音符化も不可欠だった。つまりはBOØWYの松井常松と高橋まこと、この二人によるリズムパターンである。彼らのビートが音楽的にどのように創造されたかは推測するしかないが、作曲者でもある布袋寅泰のギタースタイルが影響した可能性は高い。彼の演奏は、そのパンクな風貌に反して正確に拍を割るスタイルであり、直線的なギターにストレートな旋律とくれば、リズム隊があのエイト・ビートになるのは必然かもしれない。『BEAT EMOTION』(1986年)によって邦楽史にビート・ロックが確立し、そのサウンドは九〇年代の音楽シーンへ引き継がれ、つまりは私が本講で多く取り上げたゼロ年代や一〇年代のバンドやアーティストへと繋がっていく。

当然ながら、ロックに拘泥しなければ『はっぴいえんど』を更に遡ることもできる。五〇年代にはロカビリーブームを巻き起こした平尾昌晃、ミッキー・カーチス、山下敬二郎の存在があり、ほぼ時を同じくしてジャズブームを盛り上げた、石原裕次郎「嵐を呼ぶ男」(1958年)、小林旭「ダイナマイトが百五十屯」(1958年)、三橋美智也「センチメンタル・トーキョー」(1958年)といった楽曲があり、そして最終的には戦後初のヒット曲でもある、並木路子の「リンゴの唄」（1946年）へと行き着く。霧島昇との二重唱として発表された本楽曲は、後に並木の独唱として45回転盤が発売され、一般的に後世に知られているのはこの盤である。GHQ占領期は、女性歌手によるヒット曲が非常に多い。軍歌なる男性的な音楽を強制的に聴かされ、唱和させられ、そして男性的なものが敗北した後に、国民が女性の可憐な歌声に惹かれたのは必然だろうか。

と、長々と述べるも、私はここで「リンゴの唄」が終着点ではないことに気づく。日本史的に〝近現代〟は、明治維新以後から現代までを扱うとされており、となると本講も明治まで遡らねばなるまい。日本人による最初のレコードの吹き込みは、明治三十三年の「オッペケペー節」とされており（諸説あり）、本楽曲は東芝EMIから『甦るオッペケペー』としてリリースされている。さっそく拝聴してみた。

——ままにならぬは　浮世のならい　飯（まま）になるのは米ばかり

——ア　オッペケペー　オッペケペッポー　ペッポッポー

——親が窮すりゃ緞子（どんす）の布団　敷いて娘は玉の輿

——オッペケペー　オッペケペッポー　ペッポーポーイ

本楽曲を拝聴して、私は驚愕する。

これは完全にエミネムの「ルーズ・ユアセルフ」ではないか！

エミネムが「オッペケペー節」の影響で「ルーズ・ユアセルフ」を制作したかは定かで

ないが、以上を以て、我が『近現代音楽史概論B』は一応のハッピーエンドを迎えるとしよう——。

＊

当然ながら、本講における、主な登場人物の後日談は必要だろう。

ファットマン・ブラザーズは、二〇一四年の新宿ライヴをもって無期限の活動休止となっている。このさいのチケットの売上は、三枚とも四枚とも言われており、まぁ、活動休止もやむなしである。

あの過激思想の持ち主のファットマン二号は、その後に教免を生かして高校の日本史教師になった。未来を担う若人に、それとなくとんでもない歴史を教えていなければいいが——。

ファットマン三号は、現在はインドネシア料理店を経営している。

「タカハシ君、時代はインドネシアなのデス、インドネシアの人口は二億人以上なのデス、ニッポンの比ではないのデス」

彼は従業員に、インドネシア人とベトナム人とネパール人を雇っており、日々、片言の日本語で会話をしているゆえ、彼自身も片言の日本語になってしまったのだ。

武藤との邂逅は残念ながら実現されておらず、あの職員玄関の件は未だ謎のままだ。

ヤンキーの速水先輩からは、どういうわけか実家に写真入り年賀状が届いた。写真を見る限り、先輩は結婚して二児の父になっているようだ。写真中央には、娘を抱えて恵比寿顔の先輩が写っていた。

――小説家になっていたとはびっくりです。ブランキーも良いですが、最近はゆるめるモ！を聴いています。あのちゃんが脱退して哀しいです。でもあのちゃんの新曲「ちゅ、多様性。」は最高です。ぜひ、連載で取り上げて下さい。

森田君とは、私がA賞を受賞したさいに、少しばかりメールのやり取りをしている。私は今夏に平田村を再訪する予定があるので、そのさいにでも連絡してみようと思う。森田君経由で、中村君とも連絡が取れるかもしれない。

平田村で邂逅した三人に新たなる恐怖が――、十四歳の少年たちが体験した夏の奇譚は序章にしか過ぎなかった――、寸断された道路、閉鎖された集落、あの八十年前の惨劇は、祖父の作り話ではなかったのだ――、といった、物語的展開に巻き込まれないことを祈るばかりだが、しかし巻き込まれたならば、二〇二四年あたりに横溝正史もびっくりのミステリ小説『平田村奇譚』を発表できるやもしれぬ。

そして私にメタルのイロハを教え、あの説法「メタリカ理論」〝メタリカを嫌いということは、メタリカを好きということなのです――〟を提唱する山田君とは、実は私が小説家になる前年から音信不通になっている。中東で過激な政治活動をしているとも風の噂で聞いたが、もし本講を読んでくれたならば連絡して欲しい。

ちなみに山田君とのEメールでの最後のやり取りは、次のようなものであった。

——昆虫の中で一番旨いのはイモ虫です。体長十センチほどのぷりっとしたイモ虫を素揚げにして食すると牛肉のようにジューシーで、一度この味を知ってしまうと、イモ虫を見る度に涎（よだれ）が出ます。タカハシ君もぜひ一度、食材という観点からイモ虫を御覧になって下さい。

首都、ダマスカスにて。

巻末付録1

第ゼロ講　syrup16g

追想　syrup16g

私がsyrup16gに出合ったのは、二〇〇三年の春先のことである。当時、バンド好きな若者の間で下北系ギターロックの流行があり、私も例に洩れず下北沢界隈を徘徊し、syrup16gの存在は耳にしていたが、未だ洋楽熱を引き摺っていたせいか英詩のバンドばかり拝聴しており、中々に作品を手にする機会がなかった。

そんな折、行きつけの地元図書館の棚にsyrup16gの作品『COPY』（2001年）を見つけて驚愕する。当時このバンドの存在は一般的に殆ど知られておらず、作品も下北界隈のコアなレコード店でしか見かけなかった。このN市立K図書館がいかなる基準でCDを入荷しているか分からぬが、〝パンテラ〟や〝ザ・マッド・カプセル・マーケッツ〟や〝セックス・マシンガンズ〟といった、およそ公序良俗に反するような代物も数多く置いてあり、館長が過激思想の持ち主なのではないかと私は勝手に勘ぐっている。して、私は『COPY』を手に取ると、坂口安吾全集第四巻と一緒に、貸出カウンターへ向かった。私は当時、安吾の「私は海をだきしめていたい」が堪らなく好きで、この作品の主人公の可愛らしさに完全に絆されていた。

帰宅すると「白痴」を読み耽りながら、さっそくCDを拝聴する。安吾の叙情的な文章は相変わらず素晴らしく、成程、畢竟人間は肉欲の中にしか真の魂を見出すことができぬのだ、などと年甲斐もなく興奮を覚えたものだが、『COPY』は思いの外に理解し難い。暗く、重く、不協和音が多く、歌詞にも〝頭ダメにする〟だの〝保健所で死ぬ〟だの〝国家予算内で死ぬ〟だの記されており、果たしてこんな代物が売れるのか、そもそも売る気がないのか——、しかし稀に過ぎるキャッチーな旋律やノスタルジックな和音の響きには興味を持ち、機会があればK図書館に他作品の入荷依頼を出しておくか、という感想に落ちついた。

これより数ヶ月後のある秋の午後、三限の〝中国語会話II〟に出席する為に大学へ向かう途中、駅前通りの老舗レコード店「ナカムラ」の棚に、再びsyrup16gの作品である『Free Throw』（1999年）を見つける。本作が初音源らしく、千円と安価であるし、せっかくの邂逅でもあるので、大学に着いたらCDウォークマンで拝聴しようと思い、レジへと向かった。大学キャンパスは、駅前通りを抜けて、元荒川に架かる橋を渡った先にある。土手沿いには、四百余りの染井吉野が植樹してあり、春になると遊歩道は桜の花弁で埋め尽くされるが、もう秋口であったので、葉桜も終わり、葉叢は赤や黄に色づいていた。その桜並木を抜けて、元荒川を渡り、正門から三号館三階の教室へと向かう。私は諸般の事情で大学を休学していたので、同学年だった学生達は皆がすでに卒業しており、教室内に顔見知りの者はいない。

定位置である、窓側の一番後ろの席に座ると、さっそく購入したCDのビニールを剝ぎ、プレイヤーのトレイに乗せて、再生ボタンを押す。歌詞カードを見ると一曲目は「翌日」と題されていた。教卓の向こうでは、禿頭に小太りの明朗な中国人、李先生が〝介詞〟の説明を始めている。李先生は父親と一緒に、天安門事件に市民デモ隊として参加しており、親子ともども人民解放軍の装甲車に轢き殺されそうになった経験があるという。私は李先生の

〃介詞〃の説明を他所に「翌日」を聴き続けた。

初めて聴くにもかかわらず昔どこかで聴いたことのあるような音楽、例えば少年期に、未だ大人に憧憬を抱いていた頃に、夕方の再放送アニメの冒頭でふと耳にしたような、人の心の中に住んでいる子供の部分に訴えてくるような、そんな音楽であった。大学のキャンパス内には至る場所に銀杏があり、その葉は桜樹と同じように、黄色く染まり始めている。私は教室の片隅で頬杖をついて、窓の向こうの色づいていく銀杏を見下ろしながら「翌日」を聴くうちに、すっかり感傷的な気分に陥ったのであった。後日、このバンドの作品を買い漁ったのは言うまでもない。

翌年、必修でもあった〃中国語会話Ⅱ〃の単位を追試にて李先生から得て、かろうじて大学を卒業すると、私のsyrup16g熱は静まりを見せる。卒業後は無職上等と思っていたが、なぜか教育関連の職に就いてしまい、音楽を聴く習慣からも遠ざかっていた。時を同じくして、syrup16gの活動もぴたりと止まり、数年後、風の便りで、このバンドが解散したことを耳にした。その頃には、私はペトロールズに興味を持ち始めていた。私にとってsyrup16gの音楽は、安吾やルドンやニルヴァーナのように、青春期のある時期に煩う熱病の如きものだったのかもしれない。

さて、syrup16gの作詞作曲を手掛けていた五十嵐氏であるが、バンド解散後は表舞台から完全に姿を消し、ファンの間では彼の収入源や食生活や家賃の支払いまで心配され、最終的には安否まで気遣われていたが、二〇一四年頃より突如として音楽活動を再開し、家籠生活から屋外へと飛び出して、現在は精力的にライヴ活動をしているとのことである。この冬〔2016年〕は再結成されたsyrup16gの〝HAIKAI〟と題したライヴツアーで全国を徘徊するというので、私も十数年ぶりに軽い熱病に魘されに行こうかと考えている次第である。――

巻末付録2

〈芥川賞受賞記念エッセイ〉

追悼　クリス・コーネル

　私がサウンドガーデンと出会ったのは、十七歳のときである。その日、行きつけのＣＤ店、悪魔の尻尾（デビルズ・テイル）の自動ドアを開けると、レジカウンターに立つ店長、通称メタル仙人の顔は紅潮していた。

　このメタル仙人は、黒髪ロン毛で、髭を生やし、いつもボロボロのポロシャツを着た、一見して浮浪者かヒッピーにも見える男で、一般社会で出会ったならば、絶対に関わりたくない種類の人物だが、彼は私にメタリカやランシドやパンテラといった後世に残すべき素晴らしいバンドを紹介してくれたので、彼の目利きには絶大な信頼を置いていた。

「タカハシ君、すごいCDを入荷したんだよ！」

そう言って私に勧めてきたのが、サウンドガーデンの『Down on the Upside』（1996年）であった。その金色のジャケットに付けられた帯には、〝前人未到のロック・スペクタクル〟と記されている。私はメタル仙人に勧められるままにそのCDを購入し、自宅へ帰ると、さっそくコンポにセットして再生ボタンを押した。

一曲目、「プリティ・ヌース」は、冒頭三十秒ほど、アラビア音楽を思わせるような謎のリフが展開され、この時点では、このバンド大丈夫か、と心配になるが、このアラビア音楽が途切れた途端、異常なほどにヘヴィなギターリフが鳴り渡り、人間とは思えないパワフルで抜けの良いボーカルが、天から降りるように鳴り響いてくる。

I caught the moon today!（俺は今日、月を捕まえたんだ！）
Pick it up!（拾ったんだ！）
And throw it away all right!（そんですぐ捨てたんだ！）

一聴して私はおよそ次のように思った。このバンドのボーカル、クリス・コーネルは真の狂人に違いない。こうして私はサウンドガーデンにのめり込んでいくのだった。

九〇年代、シアトルにグランジ四天王と呼ばれたバンドが存在した。ニルヴァーナ、パール・ジャム、アリス・イン・チェインズ、そしてサウンドガーデン。図らずも、私はメタル仙人に推薦されるまで、サウンドガーデンを見逃していた。そして困ったことに、グランジ四天王のボーカルは半数が死去することになる。

ニルヴァーナのボーカル、カート・コバーンは、ご存じの通りショットガンで頭部を打ち抜いて自殺している。アリス・イン・チェインズのボーカル、レイン・ステイリーは、ご存じの通りヘロインの過剰摂取で死亡している。(ちなみにアリス・イン・チェインズは、ベースのマイク・スターも死去している。グランジ四天王のメンバーは死に過ぎである)。

サウンドガーデンは九七年に解散するが、当然ながら、ボーカルのクリス・コーネルは大丈夫だろうかと心配にもなる。バンドが解散し、自暴自棄になって無茶なことはしないだろうか――、やがて月日が流れ、二〇一〇年、私は思いがけぬ朗報を聞くのだった。サウンドガーデンが再結成したというのだ。アルバムも発売し、ライヴでは全盛期を彷彿させるあのボーカルを聴くことができた。その後は精力的にバンド活動をし、カートやレインとは違い、クリスは大丈夫だったか、と私は胸を撫で下ろした。

が、二〇一七年の五月、私は思いがけぬ訃報を聞くのだった。クリスがデトロイトのホテル内で、遺体で発見されたというのだ。遺体の状態から、自殺の可能性が高いという。なんということだろう、これでグランジ四天王のうち、三バンドのフロントマンが死去したことになる。

しかしアーティストが死んでも、作品は残る。近年、アップルミュージックで、サウンドガーデンの全アルバムの配信が開始された。私はときにiPhoneで「プリティ・ヌース」を再生し、あの天から降りてくるような、クリスの甘くパワフルなボーカルに、懐かしさ、を覚える間もなく、聴く度に度肝を抜かれるのだった。

ところで私が足繁く通った、悪魔の尻尾（デビルズ・テイル）のあった場所は、今ではつり具店の駐車場になっている。サウンドガーデンが解散した頃に、悪魔の尻尾も閉店してしまったのだ。無理もない。メタル、グランジ、ハードコアばかり品揃え豊富なCD店が繁盛するわけがない。

そしてメタル仙人の行方は知れない。上野あたりで本当に浮浪者になってなければ良いが——。

講義をおえて

本著の狙いは明確である。音楽史概論というのは名ばかりで、音楽を通してその時代、時代の世相及び政治的問題を炙り出していくという社会風刺的な作品である。して、私は本著を通読しておよそ次のように思う。

――ぜんぜん社会風刺なんてしてねぇじゃねぇか。

それればかりか本著には、私の黒歴史及び痴態に至るまで余すことなく記されているではないか。これはいけない。

私は一応、文壇に彗星の如く登場した令和の文豪として界隈では認知されている。このような書籍が世に流布された場合、私がこれまで築き上げてきた地位と威厳とカリスマ性が崩壊してしまう。

かくなるうえは、本書の出版を差し止めるしかない。しかし差し止めた場合、私に印税が入らなくなる。これもいけない。印税が入らねば、私のみずほ銀行カードローンのお約束が滞ってしまう。

そこで私は、私の名誉が守られ、同時に富も手に入る、ある画期的な方法を思いつく。覆面作家になるのだ。著者名を新たなペンネームに変えて発表すれば、誰も私の著作とは気づくまい――、かくて私の名誉は守られ、同時に富をも手にできるのだ。

私はさっそく本著の打ち合せのさいに、この案を編集担当に持ちかけた。

「初耳かもしれませんが、私は小栗虫太郎先生に傾倒していましてね、ご存じの通り先生の『黒死館殺人事件』は日本の三大奇書として扱われています。私の今回の著作も、まぁ、奇書と言えなくもありません。そこで正体不明の覆面作家の著作として発表したほうが、よりセンセーショナルかつ刺激的だと思うのです。覆面用のペンネームもすでに考えてあります。甘栗むき太郎というのは如何でしょう？」

すると担当編集は、うーむ、と低く唸ったのちに、

「一度、上の者と相談しますので、甘栗むき太郎の件はいったん持ち帰らせていただいて宜しいでしょうか？」

私の一世一代の渾身のボケをいったん持ち帰ることにされて、まことに遺憾であった。

ちなみに上記「講義をおえて」は若干の脚色がなされているが、脚色部分を除くのならば、本著は「講義にむけて」の通り音楽随筆の短編を記したこ

とに端を発する。以後、長きに亘り音楽への意欲は私の中で無秩序な溶液のように沈殿していたのだが、あるとき突如として「俺は音楽が好きだから俺の好きなミュージシャンについて語り尽くさねばならない、これを書くまでは死ねん」という形で結晶化し、本連載が始まり、このたび作品として世に出ることになった。

おそらく十二月には、私の元に完成本が届くはずだ。〇七年の「ロッキン・オン・ジャパン」と大学時代のシラバスの隣に、『近現代音楽史概論B』を並べようと思う。

最後になるが、編集を担当してくれた、波多野君、清水君、山本さん、どうもありがとう。

二〇二三年、晩秋、翌日に大安を控えて。

高橋弘希

〈参考文献〉
『図解　日本音楽史』田中健次（東京堂出版）
『明治・大正・昭和歌謡集』丘灯至夫著（彌生書房）
『にほんのうた　戦後歌謡曲史』北中正和（新潮社）

初出
「文學界」二〇一六年十一月号、一八年九月号、二一年二月号〜二三年五月号および「文春オンライン」

イラスト　高橋弘希
装丁　中川真吾
DTP制作　ローヤル企画

著者略歴

青森県十和田市生まれ。二〇一四年、「指の骨」で第四六回新潮新人賞を受賞してデビュー。一七年、『日曜日の人々（サンデー・ピープル）』で第三九回野間文芸新人賞、一八年「送り火」で第一五九回芥川賞を受賞。他の著書に『朝顔の日』『スイミングスクール』『高橋弘希の徒然日記』『音楽が鳴りやんだら』『叩く』などがある。

近現代音楽史概論（きんげんだいおんがくしがいろん）B
邦楽（ほうがく）ロック随想録（ずいそうろく）

二〇二三年十二月十日　第一刷発行

著者　高橋弘希（たかはしひろき）
発行者　花田朋子
発行所　株式会社　文藝春秋
〒102―8008　東京都千代田区紀尾井町三ノ二十三
電話　〇三―三二六五―一二一一
印刷所　大日本印刷
製本所　大口製本

万一、落丁・乱丁の場合は、送料当方負担でお取替えいたします。小社製作部宛、お送り下さい。定価はカバーに表示してあります。
本書の無断複写は著作権法上での例外を除き禁じられています。また、私的使用以外のいかなる電子的複製行為も一切認められておりません。

©Hiroki Takahashi 2023
Printed in Japan

ISBN978-4-16-391787-0